# Cómo tener
# *un cabello*
### *sano y vigoroso*
### *de forma natural*

# Cómo tener un cabello sano y vigoroso de forma natural

Equipo de la revista CUERPOMENTE

manuales integral

**Cómo tener un cabello sano y vigoroso
de forma natural**
Redacción: equipo de la revista *CuerpoMente*

Diseño gráfico: Oasis, S. L.
Compaginación: Pacmer, S. A. (Barcelona)

© 1997, Oasis, S. L.
Pérez Galdós, 36 - 08012 Barcelona

Reservados todos los derechos.
Ninguna parte de esta publicación
puede ser reproducida, almacenada
o transmitida por ningún medio
sin permiso del editor.

ISBN: 84-7901-357-9
Depósito Legal: B-20.086-1997
Impreso por Liberduplex, S. L.

# ÍNDICE

**El cabello y el cuero cabelludo** .................. 9
La composición del cuero cabelludo ............. 9
La composición del cabello .................... 11
La función del cabello ........................ 14
¿Cuántos cabellos tenemos? ................... 14

**El ciclo del crecimiento del cabello** ............. 16
Pérdida normal del cabello .................... 17

**Los cabellos grasos** ........................... 18
¿Por qué cabellos grasos? ..................... 18
Cuidados locales ............................. 19
Cuidados generales ........................... 22

**Los cabellos secos** ............................ 23
¿Por qué cabellos secos? ...................... 23
Cuidados locales ............................. 23
Cuidados generales ........................... 25

**Otras alteraciones del cabello** .................. 27
Cabellos con las puntas abiertas ................ 27
Cabellos débiles ............................. 27

**La caspa (seborrea)** .......................... 29
Las causas de la caspa ........................ 29
Cuidados generales ........................... 30
Cuidados locales ............................. 31
El lavado ................................... 31
El aclarado ................................. 32
Las lociones contra la caspa ................... 32
Mascarilla de arcilla contra la caspa ............ 33

| | |
|---|---|
| **La pérdida del cabello** | 34 |
| Las causas | 34 |
| La calvicie hereditaria | 35 |
| Tratamiento natural | 35 |
| Cuidados generales | 36 |
| **Los elementos nutritivos vitales para el cabello** | 37 |
| Las vitaminas | 38 |
| Los minerales | 42 |
| Tres alimentos prodigiosos para el cabello | 45 |
| **Cómo mantener una buena higiene vital para la salud del cabello** | 48 |
| El estreñimiento | 48 |
| El drenaje linfático manual en el cuero cabelludo | 49 |
| **Las hormonas y el cabello** | 51 |
| Hormona masculina y calvicie común | 52 |
| Tratamiento homeopático | 54 |
| **Los trastornos nerviosos y el cabello** | 56 |
| **La circulación sanguínea y el cabello** | 58 |
| El masaje del cuero cabelludo | 58 |
| La tabla inclinada | 60 |
| **Ejercicios para un cabello sano** | 61 |
| El puntal o el pino | 62 |
| El clavo | 66 |
| El estiramiento de la espalda | 68 |
| Espalda doblada | 70 |
| La hoja plegada | 72 |
| El giro de columna | 73 |
| **El estrés y la pérdida del cabello** | 75 |
| Técnicas de relajación | 76 |
| **La higiene natural del cabello** | 81 |
| Acondicionadores naturales previos al champú | 81 |
| Los champús | 84 |
| El aclarado | 88 |
| Plantas colorantes del cabello | 89 |

El secado del cabello . . . . . . . . . . . . . . . . . . . . . . . . 90
Cepillado y peinado . . . . . . . . . . . . . . . . . . . . . . . . 91

**Bebidas saludables para el cabello** . . . . . . . . . . . . . . . 92
Bebida de alfalfa . . . . . . . . . . . . . . . . . . . . . . . . . . . . 92
Cóctel de pimiento verde, zanahoria y espinacas . . . . 93
Cóctel de cinco zumos . . . . . . . . . . . . . . . . . . . . . . . 93
Batido de tres frutas . . . . . . . . . . . . . . . . . . . . . . . . 93
Batido proteínico . . . . . . . . . . . . . . . . . . . . . . . . . . 93

**Lo que un cabello revela** . . . . . . . . . . . . . . . . . . . . . 94
Biotina . . . . . . . . . . . . . . . . . . . . . . . . . . . . . . . . . . 94
El análisis del cabello en el laboratorio . . . . . . . . . . . 95

**Bibliografía** . . . . . . . . . . . . . . . . . . . . . . . . . . . . . . 96

# EL CABELLO Y EL CUERO CABELLUDO

Muchas veces tratamos nuestro cabello como un suplemento de nuestro cuerpo (o peor aún, ¡de nuestro vestuario!) o un añadido, sin tener en cuenta que el cabello es una parte más del cuerpo y un indicador muy fiable del estado de nuestra salud: crece vigorosamente si nos encontramos bien y, por el contrario, se debilita si enfermamos. El pelo es una parte viva e íntegra del cuerpo, lo mismo que el corazón.

Cuanto mejor se entienda la estructura y la función del cabello y el cuero cabelludo y cómo se interrelaciona con el resto de nuestro organismo, mejor podrá cuidarse y mantenerse sano.

## LA COMPOSICIÓN DEL CUERO CABELLUDO

La piel se compone de dos partes: una capa interior o dermis (la verdadera piel) y una capa exterior o epidermis (la falsa piel). El pelo es una extensión o un crecimiento de la capa exterior.

### La epidermis
Es la parte exterior de la piel y está compuesta por varios estratos o capas horizontales de células.
- La capa exterior –la más cercana a la superficie– es la capa córnea de la piel. Sus células están aplanadas y parecen escamas.
- La capa media de células se conoce con el nombre de «células espinosas» porque parecen espinas si se miran con el microscopio. Están conectadas por finos zarcillos.
- La capa más profunda contiene células columnares (son las que revisten la mayoría de tubos y órganos del cuerpo, especialmente los más activos). En esta capa las células se multiplican de manera que las de abajo empujan a las que

están encima de ellas, más cerca de la superficie, hasta que reemplazan a las superficiales. La superficie inferior de la epidermis es un área con depresiones que permiten acomodar los nervios y vasos sanguíneos.

**La dermis**

Está compuesta por un tejido fibroso formado por células grasas. Contiene nervios, vasos sanguíneos, glándulas sebáceas y sudoríparas y folículos capilares. A pesar del aspecto liso del cuero cabelludo, tiene incontables y pequeñas aberturas: poros para la excreción de las glándulas sudoríparas, folículos o depresiones para las vainas de los pelos y aberturas para la secreción aceitosa o glándulas sebáceas.

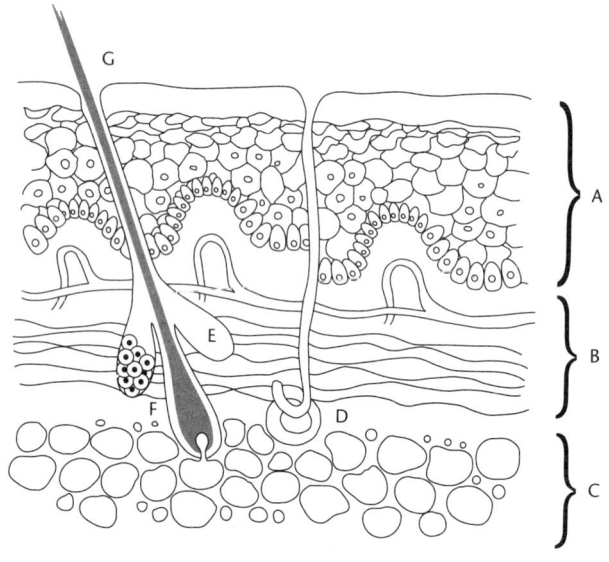

**Sección transversal del cuero cabelludo humano.**
A. Epidermis. B. Dermis. C. Tejidos subcutáneos.
D. Glándula sudorípara. E. Glándula sebácea.
F. Folículo capilar. G. Pelo.

**Las papilas**

Debajo de cada vaina pilosa hay una papila parecida a un grano, que es de donde surge el pelo. La papila contiene capilares sanguíneos gracias a de cuales el pelo recibe su nutrición del sistema circulatorio del cuerpo.

Si se arranca un pelo saludable, la papila no se ve necesariamente dañada. A su debido tiempo fabricará uno nuevo que emergerá a través del mismo folículo. Como la papila está integrada en los tejidos cutáneos, no puede ser «enraizada» como se haría con una planta. Lo que algunas personas llaman raíz es, en realidad, el bulbo blancuzco que hay en la base de un pelo arrancado. La papila es lo que más se parece a la raíz del pelo.

### Las glándulas sebáceas

Están localizadas en la dermis, o capa interior de la piel, y normalmente están vinculadas a los folículos capilares, situados también en esta capa. Producen una secreción grasa llamada sebo, que ayuda a mantener la flexibilidad de los cabellos.

Hay varios factores que influyen en la producción de sebo: la circulación sanguínea, la dieta, perturbaciones emocionales o la estimulación glandular endocrina (hormonas). Su funcionamiento está relacionado con la salud del cabello y el cuero cabelludo. Una actividad excesiva provoca un exceso de aceite, que a su vez produce la caspa. Parece ser que la actividad excesiva se debe a un aumento de andrógenos (hormonas masculinas).

### Músculos, nervios y sangre

Hay también una serie de músculos que forman parte del cuero cabelludo con el correspondiente suministro sanguíneo (arteria carótida) y nervioso (nervios craneales). Estos músculos son responsables de las expresiones faciales. El occipito-frontal sale de la parte posterior de la cabeza, la cruza por encima y llega hasta las cejas. Los músculos temporales son los que están al lado de la cabeza y levantan la mandíbula inferior. Y el cigomático mayor y el risorio contraen los ángulos de la boca.

Algunos investigadores afirman que cuando están habitualmente contraídos por la tensión, constriñen los vasos sanguíneos que atienden al cuero cabelludo, perjudicando así la nutrición del cabello.

## LA COMPOSICIÓN DEL CABELLO

Por la parte inferior de la papila emerge un solo cabello que crece hacia arriba desde su bulbo. Observado en un microscopio, si el cabello es recto su circunferencia será redondeada. Si es rizado parecerá, oval. Si es muy rizado, parecerá aplanado.

El bulbo del folículo capilar se divide en dos partes: una inferior, compuesta de células indiferenciadas, y otra superior, que contiene células diferenciadas. Estas últimas son las responsables de la producción de las capas del pelo. Un cabello es, en realidad, lo bastante espeso como para estar compuesto por tres capas, no muy diferentes de las del epitelio estratificado de las que hablábamos antes.

**Las capas del cabello**
- La capa más exterior se denomina también córnea o cutícula, ya que es una capa endurecida y resistente.
- La capa media recibe el nombre de corteza y se compone de una materia elástica que le ofrece flexibilidad. En esta capa hay la materia colorante que determina el color de nuestro cabello (rubio, pelirrojo o moreno).
- La capa interior se denomina médula. Es análoga a la médula ósea y a través de ella absorbe su nutrición.

Las moléculas de cada capa de pelo se entrelazan en siete tiras de espiral. Los científicos creen que estas líneas se unen gracias a un suministro constante de proteínas. Este dato es

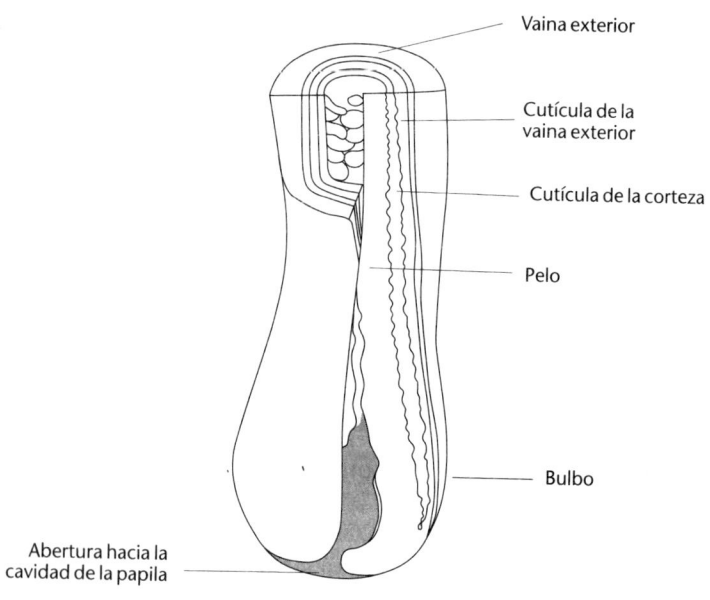

Estructura del cabello humano.

importante, ya que cualquier hábito alimenticio que potencialmente pueda destruir este enlace proteínico constituye una amenaza para la vida del pelo.

> **ALGUNAS CURIOSIDADES SOBRE EL CABELLO**
> 
> - **Fuerza.** El cabello humano es más fuerte que el hilo de cobre del mismo espesor. Una cuerda hecha con 1.000 cabellos sería capaz de sostener una persona adulta. Todo el cabello de una cabeza sostendría a 99 personas.
> - **Elasticidad.** Cuando el cabello está mojado es el doble de elástico que cuando está seco.
> - **Aspecto.** La apariencia varía con la raza. Si damos un corte transversal a un cabello caucasiano veremos que tiene forma redonda, mientras que si fuera de un grupo afrocaribeño tendría forma de riñón. Un hecho interesante es que hay piojos específicos para cada raza, ya que cada piojo tiene en las garras una especie de asas que sólo caben en una apertura determinada y específica.
> - **Textura.** El cabello crece de una manera parecida a como sale la pasta de dientes del tubo. El tamaño de apertura del folículo determina el grosor del cabello.
> - **Color.** El color del cabello depende del pigmento (melanina) de cada cabello. Hay cuatro colores –rojo, amarillo, marrón y negro– y la mayoría de los cabellos tienen una combinación de todos. El cabello gris o blanco carece de melanina.
> - **Forma.** Si el folículo está situado verticalmente en el cuero cabelludo, el cabello crecerá con ondas o rizado.

### Músculos del cabello

Junto a las vainas de los cabellos hay unos pequeños músculos, llamados músculos pilosos erectores, que como su nombre indica provocan la erección del cabello. Por lo tanto, no es una falacia que cuando estamos nerviosos o atemorizados, el cabello se erice realmente. Bajo la influencia de una excitación nerviosa, estos músculos se contraen y hace que los cabellos con los que están relacionados se pongan rígidos.

Por lo tanto, el cabello está directamente afectado por el sistema nervioso y por la condición del sistema circulatorio. Hay una interrelación muy directa entre el cabello y el funcionamiento general de nuestro organismo. Si se piensa en la abundancia de los suministros nervioso y sanguíneo de la cabeza, se comprende fácilmente que todo lo que afecte negativamente a nuestro cuerpo, a nuestra mente y a nuestras emociones, afectará también al cabello con los que están tan unidos.

> **EN RESUMEN**
> La responsable de la fabricación del pelo es la papila. La base de cada pelo se ensancha y se ajusta perfectamente a la proyección de la papila, la cual contiene pequeños vasos sanguíneos o capilares que forman parte del sistema circulatorio sanguíneo que le aporta nutrientes. Del fondo de la papila surge el bulbo del folículo piloso (blanco) que es el que, en definitiva, se ha de nutrir bien porque es el que dará fuerza al pelo en sí. En las paredes del folículo drenan las glándulas sebáceas, que son las que segregan la grasa que protege al pelo. También en este nivel encontramos pequeños músculos unidos al tallo de los pelos, llamados erectores, que son los responsables de que los pelos queden erguidos («el pelo de punta»).

## LA FUNCIÓN DEL CABELLO

Además del evidente valor estético de una cabellera abundante, el cabello tiene otras funciones. Es un excelente protector del cuerpo frente al daño externo, actuando como pantalla solar y como valiosa estructura sensorial, ayuda a mantener la temperatura de la cabeza y protege al cráneo de lesiones menores y de la excesiva irradiación solar.

## ¿CUÁNTOS CABELLOS TENEMOS?

Los dermatólogos y los investigadores calculan que una persona con abundante cabello tendrá entre 90.000 y 140.000 pelos. Los rubios se acercan más a la cifra superior, los pelirojos a la inferior y los morenos se sitúan alrededor de 108.000 cabellos. La raza que tiene la mayor cantidad de cabello es la oriental, seguida de los afrocaribeños y, en último lugar, los caucasianos.

Los rubios son los que tienden a tener mayor grasa en el cabello debido a que son los que tienen más folículos que segregan sebo.

> El principal reconocimiento que muchas culturas conceden al cabello es el indicador de la salud: nos pone en contacto con el exterior y refleja nuestro estado de salud interior.
>
> El cabello es la antena que nos conecta con nuestro entorno, con el medio externo, el receptor que nos orienta y nos sirve de conducción entre nuestra energía interior y la que nos rodea. De ahí que los lamas se despojen de él como señal de interiorización y desconexión con el exterior. Recordemos también cómo los perros de caza pierden la orientación cuando se les corta el pelo. No puede considerarse como un apéndice, sino una parte viva e íntegra del cuerpo, como cualquier otro órgano. El pelo prospera cuando la salud es buena y se debilita cuando el cuerpo está enfermo.
>
> Por eso la calvicie y el pelo débil o escaso nos dan sensación de decrepitud. Como Sansón, la caída del cabello hace germinar en nosotros cierto sentimiento de debilidad y de impotencia.

# EL CICLO DEL CRECIMIENTO DEL CABELLO

El cabello crece por término medio de 0,25 a 0,5 mm diarios, es decir, unos 2,5 cm cada dos meses y medio (unos 15 cm al año). Tiene un largo periodo de crecimiento (la fase anágena), que dura normalmente entre dos y seis años, y un corto periodo de descanso (la fase telógena), de tres meses de duración. El calor estimula el crecimiento, por lo que crece más rápido en verano que en invierno.

En todo momento hay un 85 % del pelo en fase de crecimiento y el resto, un 15 %, en fase de descanso. Los cabellos que encontramos en la almohada, el lavabo, el peine y el cepillo están probablemente en la fase de descanso, dispuestos a ser mudados. Con ello, las papilas que están sanas se disponen a fabricar nuevos cabellos.

Entre la fase activa de crecimiento y la pasiva de descanso hay un periodo de transición que se denomina fase catágena.

Se han hecho investigaciones en las que se ha podido comprobar que si se arranca un cabello que se encontraba en la fase telógena (de descanso) se estimula rápidamente la fase activa, con lo cual el nuevo pelo sale más rápidamente de lo normal.

Para favorecer este proceso resulta muy aconsejable cepillar bien el pelo cada día y eliminar así el cabello que se encuentra en la fase pasiva. Y es que se trata de unos cabellos que, de todas formas, caerán y están utilizando un alimento que puede distribuirse entre los más sanos y favorecer el bienestar del pelo que se encuentra en la fase activa. Por otro lado, cada cambio de estación (sobre todo en primavera y en otoño) aumenta de manera natural la caída del cabello.

## PÉRDIDA NORMAL DEL CABELLO

El promedio normal de muda se ha calculado entre cuarenta y ochenta cabellos. Conforme se va envejeciendo, esta tasa excede a la de crecimiento de pelo nuevo, pero únicamente cuando se ha perdido alrededor de un 40% de todo el cabello resulta evidente la pérdida.

### CALENDARIO PARA EL CORTE DEL CABELLO
Existe una relación entre el paso de la Luna sobre el Zodiaco y el desarrollo de las plantas. Se ha dicho que los árboles son los cabellos de la Tierra. No en vano la palabra «cosmética» viene de *cosmos,* pues la piel es el tejido corporal que está en contacto más directo con el exterior. Entre los ritmos de la Luna está el del periodo ascendente y el descendente, similar al del Sol cuando está más alto o más bajo a lo largo del año (no debe confundirse con la Luna creciente o menguante). La tradición afirma que fortalece el cabello cortarlo durante el ascendente y, al mismo tiempo, cuando la Luna pasa sobre las constelaciones de Piscis, Cáncer y Escorpio, que impulsan la acción del elemento agua en las plantas y también la elaboración de la miel por las abejas.

Y viceversa, parece que el cabello queda depilado más tiempo cuando se efectúa esta «labranza» del cuero cabelludo mientras la Luna, además de estar en ascendente (buen momento para plantar) pasa ante las constelaciones de Géminis, Libra y Acuario, que impulsan el elemento aire y la recolección de polen por las abejas.

# LOS CABELLOS GRASOS

Cada $cm^2$ de nuestro cuero cabelludo contiene entre 500 y 800 glándulas sebáceas. Son las encargadas de fabricar una materia grasa, el sebo, cuyo papel es importante. El sebo protege a los cabellos de las agresiones físicas y químicas del entorno. Sirve también de lubrificante y, en cantidad normal, mantiene los cabellos suaves y brillantes.

Pero cuando el sebo es producido en exceso, se llama entonces seborrea. En lugar de proteger el cabello, lo ahoga. Aprisiona el bulbo en una masa de grasa. Y uno de sus componentes, el escualeno, actúa como un auténtico depilatorio desde el momento en que existe en demasiada cantidad. Se produce entonces una especie de círculo vicioso: la seborrea forma una especie de «casquete» en el cuero cabelludo e impide que el sebo producido por las glándulas fluya con normalidad. Estas se hinchan y, al hacerse más y más grandes, producen aún más sebo. Esto puede producir la muerte del cabello e incluso de su raíz, o dicho en otras palabras, calvicie o alopecia.

### ¿POR QUÉ CABELLOS GRASOS?

- La actividad de las glándulas sebáceas es estimulada por las hormonas sexuales y suprarrenales. Por eso precisamente la seborrea aparece con mayor abundancia en la pubertad, para atenuarse hacia la treintena y desaparecer en la vejez.
- El factor hereditario desempeña un papel importante. Algunos individuos se hallan predispuestos a la seborrea y, consecuentemente, a la alopecia.
- Además, como hemos señalado antes, las glándulas sebáceas traducen el estado de nuestra salud. Reaccionan cuando se altera el equilibrio metabólico o nervioso.

Hay que señalar que, hace cincuenta años, el problema de los cabellos grasos era un fenómeno mucho menos frecuente que ahora. Esto se debe a las actuales condiciones de vida de las personas. El cabello tiene que soportar la contaminación, los detergentes (bajo forma de champús), el estrés que lo enerva y una alimentación abundante pero desequilibrada y pobre en vitaminas y oligoelementos.

## CUIDADOS LOCALES

### Drenaje linfático en el cuero cabelludo

Masaje suave que se aplica antes del lavado con champú (ver capítulo «Cómo mantener una buena higiene vital para la salud del cabello»).

### El lavado

Hay que elegir un champú natural, suave pero suficientemente eficaz para limpiar el cabello del polvo y la grasa. Entre los champús del mercado se ofrecen dos posibilidades según los laboratorios: productos destinados a disminuir la producción de sebo «anestesiando» ligeramente las glándulas sebáceas (por ejemplo la amapola silvestre que, al igual que la adormidera, contiene un agente natural muy parecido a la morfina, la rodadina). La otra posibilidad son los productos destinados a regularizar el funcionamiento de las glándulas sebáceas: azufre, aceite de enebro o mentol.

En cuanto a la frecuencia del lavado, hay que lavar los cabellos grasos cuando están sucios, a condición de no utilizar champús detergentes.

En casa también se puede fabricar un buen champú. Os ofrecemos algunas posibilidades.
- **Champú de madera de Panamá.** En un litro de agua se hierven cuatro cucharadas soperas de trozos de madera de Panamá durante unos 10 minutos. Se deja en infusión otros 15 minutos. Se filtra. Se lavan los cabellos con esta decocción tibia. Es muy eficaz. Hay que evitar el contacto con los ojos ya que pueden irritarse. La madera de Panamá puede encontrarse en herborísterías.
- **Champú al rasul.** El rasul es una tierra arcillosa saponífera que se presenta en planchas. Es muy rica en saponinas, por lo que hace espuma de un modo natural. Se mezclan algunas

planchas con agua tibia. Se reparte el barro espumoso que se obtiene sobre los cabellos previamente mojados. Se aguarda e minutos y se emulsiona con las manos para limpiar bien. Se aclara con agua.
- **Champú de romero.** Se mezclan 20 ml de champú neutro, cinco gotas de aceite de romero y una yema de huevo. Se bate hasta obtener una pasta cremosa. Este champú tiene problemas de conservación por lo que es mejor prepararlo cada vez que se vaya a utilizar.
- **Champú cítrico.** Es algo más laborioso de preparar, pero este champú refrescante de frutas tiene un efecto desecador natural que lo hace óptimo para el cabello muy graso. No debe utilizarse más de una vez a la semana. Para prepararlo se necesitan los siguientes ingredientes: las cáscaras de un limón, una naranja y un pomelo, 75 g de jabón duro rallado, 25 g de zumo de limón, 25 g de zumo de naranja, 25 g de zumo de pomelo y vinagre de sidra. Se trocean y se pinchan las cáscaras del limón. Se ponen en agua hirviendo, se remueven bien y se tapa el recipiente. Se deja reposar el líquido durante un par de horas. Una vez transcurrido este tiempo, se cuela y se añade el jabón. Se pone a fuego lento y se remueve hasta que se disuelva el jabón. Se añade el zumo de las frutas restantes y se sigue removiendo. Antes de utilizar este champú se deja reposar durante 24 horas. Debe agitarse antes de usar.

### El aclarado

Tras el lavado con champú, hay que aclarar bien el cabello y el cuero cabelludo. El aclarado se efectuará con agua a la que se añadirá vinagre o algunas gotas de limón.

Se podrá utilizar también un aclarado con hojas de abedul. Para ello se pone en infusión una cucharada sopera de hojas de abedul en medio litro de agua hirviendo. Se retira del fuego, se deja en infusión unos 30 minutos y se filtra.

### Lociones para cabellos grasos

Son infusiones, decocciones o jugos de plantas que se aplican después de haber lavado y aclarado de forma correcta el cabello. Se reparten por el cuero cabelludo aplicando un suave masaje o fricción. Se mantienen durante unos minutos.

En algunos casos es conveniente aclarar con un poco de agua. Otras lociones se pueden utilizar a diario –sin necesidad

de aclarar con agua–, por la mañana antes del peinado y por la noche.
- Hacer una infusión de tusílago echando tres cucharaditas de flores de tusílago en medio litro de agua dulce hirviendo. Se deja en infusión durante 30 minutos, se filtra y se efectúa la loción. Se aclara. El tusílago posee propiedades suavizantes y calmantes. Disminuye la actividad de las glándulas sebáceas.
- A diario puede friccionarse también con zumo de limón, que posee propiedades antisépticas y astringentes favorables a cabellos y cueros cabelludos grasos. El agua de hamamelis regulariza la circulación sanguínea y el funcionamiento de las glándulas sebáceas. La amapola posee una acción sedante y disminuye la producción de sebo.
- Decocción de perejil. Se hierven 15 g de perejil y hojas de lechuga en 250 ml de agua durante 10 minutos. Se filtra y se aplica la loción en el cuero cabelludo, masajeando suavemente.
- Infusión de quinquina. Se echan 6 g de corteza de quinquina en medio litro de agua hirviendo. Se mantiene la infusión 30 minutos y se filtra. Se aplica.

### MASCARILLA DE ARCILLA

En casa también se puede preparar una eficaz mascarilla de arcilla, con un excelente poder desinfectante, desintoxicante, remineralizador y reequilibrador. También corrige el pH del cuero cabelludo. Es mejor utilizar arcilla verde micronizada, de venta en las tiendas de dietética y herboristerías.

Para los cabellos rubios, reemplazar la esencia de salvia o de lavanda por la esencia de manzanilla.

Si las raíces y el cuero cabelludo son grasos y las puntas secas, utilizar esencia de cedro.

La preparación es fácil. En un recipiente no metálico se diluye arcilla muy fina con agua no calcárea. Se añaden tres gotas de esencia de salvia o de lavanda y una cucharada de aceite de almendras dulces o de oliva. Se mezcla bien hasta conseguir una pasta que se aplica en el cuero cabelludo. Se deja secar unos 20 minutos. Se aclara con agua y limón.

- **Jugo de jaramago**, obtenido por licuación, en loción. El jaramago es una hierba de huerta, de sabor picante, cuyo fuerte contenido en azufre y en sales minerales es excelente contra la seborrea. Se puede utilizar también en decocción: 60 g de raíz triturada de jaramago y 30 g de raíz de ortiga para un litro de agua. Se hierve 15 minutos a fuego lento. Se mantiene la loción 15 minutos y luego se aclara con agua.

### Mascarillas capilares

La fuerte concentración de las mascarillas las hace más eficaces que el champú ya que penetran más fácilmente. Lo cual permite que la acción sedante persista varios días, dejando que las glándulas sebáceas descansen. Existen también cataplasmas especiales de plantas astringentes, como la corteza de roble y el limón.

## CUIDADOS GENERALES

### La alimentación

Conviene reducir al máximo las grasas (en particular las de origen animal), las féculas y los azúcares. Es recomendable consumir verduras y hortalizas depurativas (acelgas, alcachofas, puerros, cebolla, ajo...). También lo son las frutas frescas de la estación pero, a excepción de la manzana, deben comerse fuera de las comidas. Puede resultar oportuno hacer una dieta de frutas durante todo un día cada 15 días. Es una buena forma de depurar la sangre y dar descanso a los órganos digestivos. Tampoco se pueden olvidar los alimentos ricos en vitaminas B, E, PP, A (levadura de cerveza, germen de trigo, cereales integrales, coles, zanahoria, perejil, yogur, queso).

### Ejercicios

Para equilibrar el funcionamiento de las glándulas endocrinas y beneficiar el sistema nervioso y la circulación de la sangre, véase el capítulo «Ejercicios para un cabello sano».

# LOS CABELLOS SECOS

El sebo, esa grasa segregada por las glándulas de nuestro cuero cabelludo, es el responsable directo de la mayoría de defectos capilares. Cuando hablamos de cabellos secos, sin brillo, eléctricos, quebradizos o hendidos, el problema radica en la ausencia de sebo. Aunque los trastornos no siempre están relacionados con una secreción insuficiente de sebo. Puede ocurrir también que la causa sea una anomalía de su consistencia, ya que si esta es demasiado espesa el sebo no puede extenderse de forma correcta por los cabellos y el cuero cabelludo.

### ¿POR QUÉ CABELLOS SECOS?

La causa de los cabellos secos frecuentemente es un desequilibrio nervioso. También puede ser debido a una alimentación pobre en vitaminas y minerales. Otras veces, los cabellos se vuelven secos después de un embarazo (desequilibrio hormonal) o una enfermedad infecciosa.

Las condiciones externas también influyen. Cuando un cabello es frágil por naturaleza, soporta mal la mayoría de agresiones exteriores. Se reseca bajo la acción de champús demasiado detergentes, coloraciones demasiado fuertes y permanentes o secados demasiado bruscos. Tampoco soporta el aire y el agua de mar, el viento, el sol intenso, la intemperie y el polvo. Son una serie de factores nefastos que a menudo forman parte de nuestra vida cotidiana.

### CUIDADOS LOCALES

**El drenaje linfático en el cuero cabelludo**
Conviene practicar el masaje con un aceite vegetal de calidad, rico en vitamina E (aceite de germen de trigo, por ejem-

plo), al que se le añaden extractos naturales de plantas que tonifican las glándulas sebáceas: capuchina, serpol, ortiga... Se pueden ir variando empleando aceites esenciales que estimulan la circulación como el ciprés y la salvia.

### El lavado

La frecuencia de lavado de los cabellos secos debe ser inferior que la de los cabellos grasos. Conviene lavarlos sólo cuando empiecen a verse sucios y siempre con un champú natural y suave. Como regla general, recordamos que se tienen que evitar los champús detergentes que producen mucha espuma.

### Los champús caseros para cabellos secos

Ofrecemos las recetas de dos champús que son muy adecuados si no se tiene el cabello muy sucio. Lavan suavemente y nutren el cabello. Las dos últimas recetas son para elaborar un champú más limpiador.

- **Champú de huevo y vinagre.** En un cuenco se diluye un huevo entero con dos cucharaditas de vinagre de sidra y un vaso de agua. Se mezcla todo bien hasta que se forme una espuma. El champú estará listo. Se aplica sobre el cabello previamente mojado. Se mantiene algunos minutos y luego se fricciona bien. Se aclara con abundante agua a la que se habrá añadido algunas gotas de limón.
- **Champú de huevo, limón y lavanda.** Se diluyen dos o tres yemas de huevo en el zumo de medio limón. Se añaden tres gotas de esencia de lavanda o una cucharadita de ron. Se mojan los cabellos de forma generosa y se aplica la mitad de este champú. Se aplica un buen masaje al cuero cabelludo y se deja actuar el preparado durante algunos minutos. Luego se aclara con abundante agua dulce o con una infusión de capuchina. Se repite la operación con el resto de la mezcla y se aclara con agua y algunas gotas de limón. El aclarado también se puede hacer con cerveza: dejará el cabellos sedoso y brillante.
- **Champú de raíz de saponaria.** En un litro de agua hirviendo se echan 60 g de raíz cortada a trozos. Se deja hervir a fuego suave durante 5 minutos. Se mantiene en infusión durante 15 minutos más y se filtra. Esta decocción constituye un excelente champú.
- **Champú de aguacate.** Se colocan 80 ml de champú neutro junto con 10 ml de aceite de aguacate en una fuente y se

agita con un tenedor hasta obtener una pasta cremosa. Se puede guardar en una botella limpia y seca durante seis meses. En el momento de su aplicación, se mezclan las cucharaditas de champú con una yema de huevo.

### Lociones para después del lavado
- **Loción de capuchina.** Se echa un puñado de hojas, flores y semillas de capuchina en 750 ml de agua hirviendo. Se deja hervir de 10 a 15 minutos. Se utiliza esta decocción tibia o fría. Se aplica y se aclara con agua.
- **Loción de aceites.** Se templa una mezcla de aceite de oliva y de germen de trigo en un recipiente colocado al baño maría. Se añaden tres gotas de esencia aromática de geranio, seis de romero y nueve de lavanda. La lavanda se puede sustituir por capuchina (también puede ser en decocción). Se aplica haciendo una fricción suave. Se aclara bien.

### Mascarillas capilares
- Se mezcla una yema de huevo y una cucharada sopera de aceite (de oliva, de germen de trigo o de ricino). Se añade, a elegir, jugo de capuchina, de ortiga, algunas gotas de limón o tres gotas de esencia de lavanda, de salvia o de geranio. Se aplica esta mascarilla sobre los cabellos repartiéndola bien. Se envuelve la cabeza con una toalla caliente y se deja actuar media hora como mínimo. Se aclara con agua o se lava con un champú muy suave.
- Se maceran 60 g de pepitas de membrillo en un litro de agua durante tres días. Se filtra y se aplica un masaje al cuero cabelludo con esta preparación. Se deja que actúe durante tres minutos. Se aclara con agua. Este gel se aplica sobre los cabellos después del lavado con champú, una vez por semana y durante un mes.

## CUIDADOS GENERALES

### La alimentación
Debe ser rica en vitaminas A, B y E. Los alimentos que la contienen en mayor cantidad son el germen de trigo, los cereales integrales, la zanahoria y el perejil. Son recomendables también los aceites vegetales de primera presión en frío.

**Ejercicios**

Para equilibrar el funcionamiento de las glándulas endocrinas y beneficiar el sistema nervioso y la circulación de la sangre, véase el capítulo «Ejercicios para un cabello sano».

# OTRAS ALTERACIONES DEL CABELLO

## CABELLOS CON LAS PUNTAS ABIERTAS

Es conveniente cortar el cabello que ya está dañado regularmente (1 cm al mes). Para prevenir nuevas lesiones os ofrecemos una receta con la que realizar un acondicionamiento profundo, también una vez al mes.
- Se mezcla media taza de glicerina con media taza de miel bien líquida y se deja reposar 1 o 2 días. Se aplica sobre los cabellos con la ayuda de un peine de dientes gruesos y separados. Se deja actuar 20 minutos antes de lavar, como de costumbre.

## CABELLOS DÉBILES

Los cabellos débiles por naturaleza tienen que reforzarse desde dentro, es decir, con una alimentación rica en vitaminas y minerales (véase el capítulo «Los elementos nutritivos vitales para el cabello»).

También es conveniente seguir una serie de medidas higiénicas y de tratamiento. Es importante hacer fricciones frecuentes del cuero cabelludo con agua fresca, para reforzar la circulación en las raíces capilares. Además, resulta aconsejable lavarse el cabello con un champú suave y, entre las dos enjabonadas, poner una yema de huevo en el cabello aplicándola con un suave masaje. Se deja actuar durante unos 10 minutos, se aclara con agua y se hace la siguiente enjabonada con el champú.
- **Loción de ortigas.** Una loción simple para los cabellos débiles consiste en la alcoholatura acética de ortigas. En un litro de alcohol de vino (etílico puro) se maceran cuatro puñados de ortigas recién cogidas durante una semana en un bote de vi-

drio oscuro. Seguidamente se cuelan con papel de filtro. Se añaden una o dos cucharadas de vinagre de sidra biológico. Esta alcoholatura sirve de loción y se puede aplicar tres veces por semana.

# LA CASPA (SEBORREA)

## LAS CAUSAS DE LA CASPA

La seborrea es una alteración funcional de las glándulas sebáceas (secretoras de aceite) de la piel, incluyendo también las del cuero cabelludo. Como hemos indicado anteriormente, estas glándulas segregan una sustancia aceitosa llamada sebo, que es la responsable de mantener la flexibilidad del pelo.

La seborrea se caracteriza por una sobreabundancia en la cantidad de sebo. Hay varios tipos de seborrea, pero la que nos interesa aquí es la seborrea capiti, o seborrea del cuero cabelludo, ya que es una de las principales causas de la caspa y suele presentarse conjuntamente con ella.

La caspa aparece en el cuero cabelludo y detrás de las orejas como unas pequeñas cortezas o escamas blancas. En ese momento, el equilibrio se ha perturbado y se constata la presencia excesiva de microbios en la superficie del cuero cabelludo.

Se distinguen tres estadios de evolución en los problemas con la caspa:
- *Estadio 1 o caspa seca.* Aún no existe fenómeno inflamatorio, como máximo algo de picor. Es muy simple actuar.
- *Estadio 2 o caspa grasa.* La caspa forma una capa grasa y blanda que recubre el cuero cabelludo. Los microbios proliferan. Hay amenaza de caída del cabello por asfixia.
- *Estadio 3 o pitiriasis seborreica.* La secreción aceitosa se acentúa. Los peligros son los mismos que para los cabellos muy grasos. Si la situación persiste sin recibir tratamiento, la nutrición del cabello se ve interferida y se establece un proceso de calvicie, especialmente en los hombres.

Las investigaciones más recientes relacionan la caspa excesiva con un desequilibrio hormonal. Las evidencias disponibles sugieren que está causada por reacciones químicas que se producen en nuestro organismo y que esta reacción está relacionada con el estrés, la dieta errónea y el uso indiscriminado de productos cosméticos agresivos.

## CUIDADOS GENERALES

- **Corregir algunos hábitos alimentarios.** Restringir la ingestión de carbohidratos (azúcares y féculas), reducir el consumo de grasas saturadas (principalmente las de origen animal) y disminuir la sal en la comida son algunos hábitos que conviene añadir a nuestra alimentación diaria. Como hemos señalado, la secreción sebácea del cuero cabelludo ejerce un efecto protector «de barrera» contra las agresiones del medio externo (agua, aire, contaminación, agentes microbianos...) por lo que una exagerada limpieza de la piel origina un debilitamiento de su función protectora y ocasiona también una destrucción de su manto ácido gracias a los agentes jabonosos de naturaleza alcalina. Es por esta razón que la solución de la seborrea ha de venir más del interior de nuestro cuerpo, tratando de paliar los síntomas constitucionales mediante un tratamiento individualizado y, muy especialmente, reduciendo la ingestión de grasas en las comidas. Los excesos de mantequilla, de aceite y de otras grasas se traducen en un aumento de seborrea. Además de las grasas, hay que controlar los azúcares y los almidones, ya que el abuso de estas sustancias puede ser la principal causa de la caspa.
- Otro aspecto que se debe tratar es la recuperación de **la armonía del sistema glandular endocrino.** Los expertos sospechan que el exceso de andrógenos (las hormonas masculinas) contribuye a la seborrea. En el capítulo «Ejercicios para un cabello sano» encontrará ejercicios útiles para estimular las glándulas endocrinas, promoviendo su función normal.
- Practique todos los días algunas de las **técnicas que reducen la tensión** (véase el capítulo «El estrés y la pérdida del cabello»). Las condiciones cutáneas, como la seborrea, están influidas por las emociones. En próximas páginas trataremos en profundidad la íntima vinculación existente entre el sistema nervioso y todos los demás sistemas del cuerpo. En el cuero cabelludo también hay terminaciones nerviosas. La ansiedad y otras formas de tensión nerviosa estimulan estas terminaciones, que a su vez influyen en las estructuras a las que sir-

ven. Entonces esas estructuras suelen reaccionar en exceso y tener una producción adicional, como es el caso de la seborrea. El resultado es la perturbación de todo el organismo. El mecanismo de defensa natural se debilita y, de este modo, la infección encuentra un campo abonado.

## CUIDADOS LOCALES

- En cuanto al tratamiento local, se recomienda **frotarse la cabeza** una hora antes de lavarse el cabello con un líquido hecho a base de una parte de zumo de manzana, dos de agua y una cucharadita de aceite de almendras. Otro remedio eficaz es frotarse el cuero cabelludo con una cebolla partida por la mitad e inmediatamente después lavarse la cabeza de la forma habitual.
- Hay quien recomienda **masajear el cuero cabelludo** (véase el capítulo «La higiene natural del cabello») con media taza de yogur natural. Para ello se aplica y se distribuye el yogur sobre el cabello, se envuelve la cabeza con una toalla, colocando encima un gorro de baño, y se deja trabajar durante 60 minutos. Es un buen momento para utilizar la tabla inclinada (sólo 20 minutos seguidos, véase la página 56). Transcurrido el tiempo, se enjuaga el pelo con agua caliente o se lava normalmente con un champú natural no agresivo.

## EL LAVADO

Existen numerosas marcas de champús anticaspa, pero suelen ser recursos provisionales –si se dejan de utilizar, la caspa vuelve a aparecer–, cuando no agravantes del problema por los ingredientes que contienen. La piritiona, la povidona yodada, el ácido acetilsalicílico y los sulfuros de selenio, cadmio o cinc son agentes bactericidas que pueden irritar todavía más el cuero cabelludo. La naturaleza dispone de algunas hierbas indicadas para tratar este problema: la bardana, la ortiga, el romero, la salvia, el sauce y la aquilea. Estos remedios anticaspa se han utilizado durante decenios, a veces durante siglos, resultando un tratamiento eficaz.

El lavado con champú será siempre rápido y, como máximo, dos veces por semana.

- **Champú casero para caspa y cabellos secos.** En un recipiente se diluyen y se mezclan un huevo entero y el zumo de medio limón. Se añaden algunas gotas de esencia aromática de romero o seis gotas de esencia de ajedrea o de tomillo.
- **Champú casero para caspa y cabellos grasos.** Se hierven 60 g de raíz cortada de saponaria durante 5 minutos. Se deja en infusión otros 15 minutos. Se filtra. Se añaden tres gotas de esencia aromática de lavanda.

## EL ACLARADO

Se aclaran bien los cabellos con abundante agua a la que se añadirá una pequeña cantidad de zumo de limón o vinagre de sidra (una cucharada por dos litros de agua). Son productos que se han revelado eficaces por su poder desengrasante, ácido y antiséptico. Si resulta más cómodo, siempre se puede añadir un chorro de zumo de limón al champú que utilicemos. Otra posibilidad es añadirlo a las siguientes infusiones (mejorará la eficacia del tratamiento herbal).
- En cabellos castaños u oscuros. El último aclarado se hará con infusión de hojas de nogal.
- En cabellos rubios o claros. El último aclarado se hará con infusión o decocción de centaura, combinada con infusión de llantén.

## LAS LOCIONES CONTRA LA CASPA

- **Loción de ortiga-árnica.** Se maceran tres puñados de ortiga seca en agua destilada. Se añade una cucharada de alcohol de 90°. Se deja 6 días y después se filtra. Entonces se añaden treinta gotas de tintura de árnica. Es una loción diaria muy desinfectante y reestructurante.
- **Loción de ortiga-lavanda.** Se maceran un puñado grande de ortiga y un puñado de flores de orégano o de lavanda en un litro de alcohol de 60°. Se deja macerar durante 18 días, al sol si es posible. Se filtra. Se emplea una cucharada sopera para las dos fricciones diarias.
- **Loción de roble.** Se echa un puñado de corteza de roble en un litro de agua hirviendo. Se deja a fuego suave durante 20 minutos. Se filtra. Es una loción tonificante y suavizante.

- **Loción de culantrillo.** Se hierven 60 g de culantrillo durante 20 minutos a fuego lento. Se mantiene en infusión durante 14 minutos. Se filtra. En loción diaria, es excelente contra la caspa.

## MASCARILLA DE ARCILLA CONTRA LA CASPA

Otro tratamiento eficaz es la geoterapia. La arcilla, por sus propiedades de absorción, adsorción y levísima radiactividad natural, posee un gran efecto depurador y estimulador de las funciones capilares. Para su preparación se ponen 100 g de arcilla en un litro de agua y se realiza con esta mezcla una fricción energética del cuero cabelludo. Si se dispone de tiempo se deja secar al aire, para luego aclararse concienzudamente con agua limpia. Tiene un alto poder reactivo, por lo que no debe hacerse con excesiva frecuencia (una o dos veces al mes como máximo).

---

**RESUMEN DEL TRATAMIENTO LOCAL PARA LA CASPA**

**Hierbas eficaces contra la caspa**
- Bardana
- Ortiga
- Romero
- Salvia
- Sauce
- Aquilea

Estos eficaces remedios anticaspa se han utilizado durante siglos. Han demostrado ser plantas efectivas para detener la caída del cabello resultante de la caspa persistente, para fortalecer el cabello y para su crecimiento.

**Cómo utilizarlas en general**
Se hace una infusión añadiendo una cucharada de la hierba (o hierbas) en medio litro de agua hirviendo. Se deja en infusión durante media hora y se cuela cuando se ha enfriado.

La preparación herbal se puede utilizar como prechampú, como acondicionador capilar anticaspa, como enjuague posterior al champú o como loción para su masaje diario del cuero cabelludo.

# LA PÉRDIDA DEL CABELLO

El término médico para la pérdida anormal del cabello es alopecia, palabra que procede del término griego alopekia, cuyo significado es «sarna de zorro». Hay muchos tipos de alopecia: debida a la ausencia de bulbos capilares en el nacimiento, a una enfermedad nerviosa, a la caspa, a las toxinas de una enfermedad infecciosa...

## LAS CAUSAS

Los tipos de pérdida del cabello que hemos citado sugieren sus causas:
- factores hereditarios
- seborrea (exceso de caspa)
- desequilibrio hormonal
- trastornos nerviosos
- mala circulación sanguínea
- alimentación inadecuada y pobre en vitaminas y oligoelementos
- sustancias tóxicas (algunas medicinas, por ejemplo)

Muchos jóvenes se están quedando calvos con sólo 20 años. El 65% de los hombres y el 20% de las mujeres padecen algún grado de alopecia y la herencia no es la única culpable de este proceso. Actualmente ya no es algo exclusivo de los hombres, por su herencia genética, o de mujeres al llegar la menopausia. Ahora la edad de aparición de la alopecia en los hombres es muy anterior a la de sus padres y afecta a un porcentaje importante que no tiene antecedentes familiares. Esto indica que influyen varias causas que se derivan de nuestro estilo de vida actual –estrés que afecta al sistema nervioso y a su vez al endocrino, alimentación desnaturalizada...– y que, como veremos, perturban todos los sistemas de nuestro organismo.

## LA CALVICIE HEREDITARIA

En la calvicie masculina de origen hereditario, la persona padece una hipersensibilidad a sus propios andrógenos (el andrógeno pasa de los testículos a la sangre y esta los transporta hasta el folículo piloso) que bloquean las enzimas de los folículos pilosos responsables del crecimiento del cabello y evitan el desarrollo normal del mismo. Los cabellos sanos caídos son sustituidos por unos que se vuelven cada vez más finos y menos pigmentados, y que se convierten finalmente en un vello imperceptible.

El pelo puede volver a crecer si la raíz del cabello no ha cicatrizado. Entonces se puede bloquear tópicamente la unión del andrógeno con la enzima folicular. De esta manera se puede reestablecer el crecimiento normal del cabello.

## TRATAMIENTO NATURAL

Resulta eficaz el tratamiento homeopático, ya que las sustancias utilizadas en dilución actúan a diferentes niveles. Es absolutamente imprescindible acudir a un buen especialista.

**Tratamientos locales contra la caída del cabello**

En general sirven todos los indicados para los cabellos grasos. En cuanto al champú, conviene elegir uno que sea proteico para revitalizar el cabello (véase el capítulo «La higiene natural del cabello»). Indicamos a continuación algunas lociones más.

- Cada 5 días macerar durante toda la noche un diente de ajo en el zumo de medio limón. Al día siguiente retirar el ajo y añadir cuatro gotas de esencia de pino. Aplicarlo sobre el cuero cabelludo, dando un masaje, y dejar que actúe 45 minutos, después de lavar el cabello. Es realmente efectivo.
- Se maceran 90 g de hojas secas de ortiga, 90 g de algas varec, 90 g de viña roja, 90 g de salvia y 90 g de hamamelis en medio litro de alcohol de 90° durante 15 días. Se filtra. En el momento de emplearlo, se mezcla la cantidad necesaria para una fricción con una igual de agua destilada.
- **Bardana fresca.** Se extrae el jugo con una licuadora y se fricciona el cuero cabelludo.
- **Hojas de salvia** o **corteza de abedul** en infusión.

- **Decocciones de algas** para efectuar lociones.
- **Boj.** Se maceran 50 g de hojas frescas de boj en medio litro de alcohol de 45° durante 15 días. Se filtra y se añaden 15 gotas de aceite esencial de lavanda. Esta loción de boj se utiliza a razón de una cucharada diaria para el masaje.

## CUIDADOS GENERALES

- Nutrir el cabello con una alimentación rica en vitaminas y oligoelementos (véase el capítulo «Los elementos nutritivos vitales para el cabello»). Consumir además comprimidos de algas laminares ricas en oligoelementos y en yodo.
- Practicar ejercicios de yoga para equilibrar las glándulas endocrinas y beneficiar el sistema nervioso y la circulación de la sangre.
- Aprender algunas técnicas de relajación para reducir la tensión.

# LOS ELEMENTOS NUTRITIVOS VITALES PARA EL CABELLO

El cabello se alimenta a través de los capilares sanguíneos que llegan a la papila, en la capa subsuperficial del cuero cabelludo. Por medio de la médula, o capa interior, el pelo absorbe los elementos nutritivos que le aportan estos pequeños vasos sanguíneos.

Si el cuero cabelludo se ve privado del oxígeno necesario y de los elementos nutritivos esenciales –mediante el suministro sanguíneo–, se puede llegar a la pérdida del cabello.

> **¿POR QUÉ EL CABELLO NECESITA ELEMENTOS NUTRITIVOS?**
> Es importante incidir de nuevo en la estrecha relación entre la salud del cuero cabelludo y la del resto del organismo. Todas las células corporales dependen de un suministro saludable y abundante de elementos nutritivos vitalizadores, a fin de tener bienestar y vitalidad. Estos elementos nutritivos los aporta la corriente sanguínea y, si la calidad del suministro sanguíneo es pobre, si los vasos que forman el sistema circulatorio se obturan o se vuelven defectuosos por otros motivos, entonces los tejidos que alimentan también manifiestan esta escasez. Esto incluye el cuero cabelludo, en el que se alberga el cabello. El cuero cabelludo mal alimentado languidece y el pelo carece de brillo, se vuelve quebradizo y finalmente se separa de sus «raíces», quizá permanentemente. Una mala circulación sanguínea o una mala nutrición celular provocan calvicie.

Las **proteínas** forman la estructura básica de toda célula corporal viva: la piel, el cabello, los ojos y las uñas son esencialmente proteínas (recordemos que las tres capas de las que se componen los cabellos individuales se unen por una malla esencialmente proteínica). Son fuentes de proteína vegetal la soja y todos sus derivados (leche de soja, tofu, tempeh), el seitán (gluten del trigo) y los cereales (avena, arroz, trigo...) complementados con las legumbres (lentejas, judías...), ya que deben combinarse correctamente en una misma comida para que constituyan un alimento completo. Dentro de las proteínas animales, las más sanas son las que aportan los productos lácteos.

Los **carbohidratos** (féculas y azúcar) son la fuente más común de nuestra energía alimenticia. Los podemos encontrar en cereales integrales y frutas y verduras frescas.

Las **grasas insaturadas** de la dieta se consideran muy beneficiosas para la salud de las glándulas sebáceas que producen humedad de la piel y lubricación del cuero cabelludo y el pelo. Las mejores fuentes alimenticias de las grasas son los aceites vegetales no refinados, de primera presión en frío, los frutos secos, las semillas crudas y los productos lácteos.

---

Si los cabellos están sanos, un solo pelo puede soportar un peso de 80 g aproximadamente sin romprse. Sin embargo, un cabello enfermo se rompe con un peso de 30 o 40 g. La sana trenza de un chino o de una chica hindú puede soportar más de dos toneladas sin romperse. La resistencia de un cabello a la rotura depende de su grosor, naturalmente. Las culturas más primitivas tienen cabellos más gruesos y fuertes que nosotros, gente «civilizada» que come alimentos desnaturalizados.

---

## LAS VITAMINAS

Son sustancias vitalizadoras indispensables, como los minerales, para el crecimiento vigoroso del cabello.

**La vitamina A** es necesaria para reforzar la resistencia a la infección, para la salud de la piel, el pelo y las membranas mucosas, y para el estado saludable de las encías, los dientes, los ojos y las glándulas. Es indispensable, ya que sin ella la piel se vuelve seca y frágil. Los vegetales con más alto contenido de este elemento nutritivo son las zanahorias, el perejil y el pimiento. Las frutas frescas que más vitamina A proporcionan son los albaricoques, el melón, las cerezas, el mango, la papaya y el melocotón. No obstante, la ingestión excesiva de esta vitamina es nociva para el pelo y la piel porque puede producir piel reseca, inflamación de los folículos capilares y calvicie. Sin embargo, esas condiciones son recesivas cuando la dosis se reduce a niveles normales y hay que destacar que la sobredosis la pueden producir también las vitaminas de síntesis.

**Las vitaminas del grupo B** son las más importantes para la piel y los cabellos. Ayudan a mantener las reservas de energía y a mantener el sistema nervioso sano. Se les ha llamado las «vitaminas de los nervios» o «vitaminas antiestrés». Ayudan a construir y reparar las células corporales, incluyendo los glóbulos rojos. También contribuyen a transportar el oxígeno hacia las células. El grupo lo forman la vitamina $B_1$, la riboflavina ($B_2$), la niacina ($B_3$), la piridoxina ($B_4$), el ácido fólico ($B_5$) y la cianocobalamina ($B_6$).

En general, las vitaminas del grupo B se encuentran en el pan integral (hecho a partir del grano entero), los cereales integrales, el germen de trigo, la levadura de cerveza, la yema de huevo, los frutos secos y las semillas. Mientras que la vitamina A provoca trastornos, tanto por defecto como por exceso, las vitaminas B únicamente plantean problemas por insuficiencia. Por ejemplo, un régimen demasiado pobre en **vitamina $B_2$** hace que el pelo luzca deslustrado (las necesidades de esta vitamina se estiman en 10 mg diarios para un adulto). Una carencia en **vitamina $B_6$** provoca caspa y la falta de la **vitamina PP** provoca una degeneración de los folículos pilosos.

**El ácido pantoténico** (vitamina $B_5$) favorece que el cabello vuelva a brotar. Es necesario para el bienestar de todas las células corporales y sin él los carbohidratos y las grasas no se pueden transformar en energía. Es también un elemento importante para el funcionamiento de las glándulas suprarrenales, que están muy relacionadas con la buena salud del cabello. Se utiliza a menudo como base para algunas lociones capilares. El ácido pantoténico se encuentra en la yema de huevo, las nueces y las avellanas, el yogur, la levadura y algunas verduras. Las necesidades de un adulto se estiman entre 0,05 y 0,5 g al día. Su carencia provoca la caída del cabello o su encanecimiento.

**La niacina** (vitamina $B_3$) contribuye a mantener una buena circulación sanguínea y una piel y un sistema nervioso saludables.

En asociación con el grupo vitamínico del complejo B hay otros elementos que se han relacionado con la salud del pelo (tres de ellos reciben el nombre de vitaminas antiestrés). Una carencia de estos elementos produce pérdida de cabello y encanecimiento. Al igual que las vitaminas del grupo B, se encuentran en los cereales integrales, los huevos, las melazas, las levaduras y el germen de trigo.

Son **la biotina**, que estimula el crecimiento celular, y **el ácido para-aminobenzoico** (APAB), que se hizo famoso como una vitamina contra el encanecimiento, porque los animales con una dieta insuficiente en este elemento encanecían y cuando se les volvía a dar esta vitamina recuperaban el color.

El inositol es otro compuesto que, junto con la colina, forma parte de la estructura de **la lecitina**, una sustancia producida por el hígado que se encuentra en grandes cantidades en el cerebro y que forma parte de la cubierta protectora de los nervios. La lecitina ayuda a mantener pequeñas las partículas de colesterol, de modo que puedan ser fácilmente utilizadas por los tejidos. Ayuda a la digestión y a la absorción de las grasas y de las vitaminas A, D, E y K (las vitaminas liposolubles). Una insuficiencia de colina afecta al proceso de síntesis de la lecitina, provocando un aumento significativo del colesterol que obtura los vasos sanguíneos. Si se aumenta la ingestión de colina se puede reducir el nivel de colesterol, con lo cual los vasos sanguíneos se dilatan y permiten una mejor fluencia de la sangre bajo menos presión.

Las fuentes más ricas en colina son la levadura de cerveza, la yema de huevo y las semillas de soja.

### LA RELACIÓN ENTRE COLESTEROL Y CAÍDA DEL CABELLO

Los depósitos de colesterol pueden afectar a los vasos sanguíneos del cuero cabelludo, al igual que a los del resto del cuerpo. Cuando esos vasos se vuelven más estrechos la circulación de la sangre se limita, de modo que los elementos nutritivos esenciales para la salud y la vida de las células capilares no llegan a los bulbos y papilas del pelo, es decir, a la planta manufacturadora del cabello.

A la biotina se la ha denominado «vitamina de la belleza» o «vitamina del cabello», ya que alimenta a todas las células del cabello, la piel y las uñas (además de las del resto del organismo). Los cabellos, la piel y las uñas contienen mucho azufre en sus células que, tarde o temprano, es necesario reponer. El suministrador ideal es la biotina, que transporta el azufre y lo entrega a las células que más lo necesitan.

La insuficiencia de biotina (que estimula el crecimiento celular), ácido fólico (B9) y ácido pantoténico parece afectar al color del pelo, produciendo encanecimiento.

### EL AZÚCAR ES UN LADRÓN DE VITAMINAS Y MINERALES NECESARIOS PARA EL CABELLO

El azúcar blanco, o azúcar refinado, no contiene vitaminas (al igual que el pan blanco). Pasa directamente a la sangre y al hígado donde, para su asimilación, se necesitan vitaminas del grupo B y minerales (calcio, que obtiene de los huesos y los dientes) para contrarrestar la acidez celular que provoca. Esta escasez repercute directamente en funciones del metabolismo de vital importancia, como la desmineralización de los huesos, los cabellos, los dientes y el sistema nervioso, y en la formación de hormonas y fermentos

Hay excelentes alternativas al azúcar refinado. La miel, el sirope de manzana, el sirope de arce, el sirope de trigo y de maíz, las frutas secas (pasas, pasas de Corinto, higos, dátiles...) son edulcorantes de inmejorable calidad: todos ellos contienen azúcar natural de fácil asimilación y muy rico en minerales. Así pues, se pueden utilizar estos alimentos para endulzar el muesli, las papillas de cereales y las recetas de repostería. El azúcar integral también contiene minerales, por lo que también es una alternatina al azúcar refinado.

**La vitamina C** es necesaria para la salud de los tejidos y para la curación y el refuerzo de la resistencia del cuerpo a la enfermedad. Es esencial para el mantenimiento del colágeno y ayuda a la circulación sanguínea y a la utilización de oxígeno. La mayoría de vegetales frescos, sobre todo si se consumen crudos, contribuyen a la ingestión de vitamina C. Pero los que aportan más al organismo son la col, los pimientos rojos, el diente de león, los albaricoques, las naranjas, las cerezas, las grosellas, el melón, el pomelo, el limón y las fresas.

**El resto de vitaminas (E, F, K)** también influyen en el aporte de ácidos grasos esenciales, en una mejor circulación de la sangre y en la regulación de los suministros de oxígeno a las células.

Los ácidos grasos que pueden encontrarse en los aceites son los llamados vitaminas F, o ácido linoleico. Los encontramos esencialmente en los aceites vírgenes obtenidos por primera presión en frío: de oliva, de girasol, de germen de maíz o de soja. Un régimen pobre en vitamina F tiene como consecuencia un engrosamiento de la capa córnea, una atrofia de las glándulas sebáceas y de los pelos. Para cubrir esta necesidad basta añadir a nuestra dieta diaria algo de verdura cruda, aliñada con aceite.

Son buenas fuentes de estas vitaminas las semillas, los frutos secos, los aceites sin refinar y los huevos (consumidos siempre con moderación).

La vitamina K posee un poder bactericida sobre la flora microbiana del cuero cabelludo. Las principales fuentes son la col, la coliflor, las espinacas, la lechuga y el perejil.

## LOS MINERALES

Son elementos esenciales de todas las células corporales. Una dieta rica en calcio, sílice y hierro es importante para catalizar las reacciones biológicas y transmisoras de los impulsos nerviosos, tan importantes para el correcto desarrollo del cabello.

- **Fósforo.** Es muy importante para los procesos vitales de todas las células. Es abundante en los productos lácteos, los frutos secos y los cereales integrales.
- **Calcio.** Es necesario para el apropiado funcionamiento del tejido nervioso y para la normal coagulación de la sangre. Se considera como un mineral antiestrés. Son ricos en calcio los productos lácteos, el perejil, la harina de algarrobo, las almendras y la melaza.
- **Hierro.** Es un componente vital de la hemoglobina (el pigmento rojo de la sangre), que transporta el oxígeno a todas las células del cuerpo. Su insuficiencia produce anemia y caída del cabello. Las fuentes naturales más ricas en hierro son las verduras de hojas, el diente de león, el perejil, las algas, las legumbres, las frutas secas (ciruelas, pasas...), las semillas de sésamo, la melaza y la levadura.
- **Azufre.** La concentración de azufre en los cabellos puede

alcanzar hasta un 4%. Este elemento es primordial por distintos conceptos: asegura la cohesión de las fibras de queratina, aumenta la resistencia del cabello y favorece su crecimiento. Una carencia de azufre da como resultado unos cabellos blandos. Diferentes productos capilares hacen perderlo, como los líquidos de permanente, el amoníaco o el agua oxigenada. Se puede compensar esta falta añadiendo a nuestra alimentación almendras, huevos, patatas, rábanos y ajos.

- **Yodo.** La glándula tiroides lo necesita para manufacturar la tiroxina, hormona que influye en muchas funciones corporales. Su deficiencia puede producir anemia, encanecimiento prematuro, mala calidad del cabello o su pérdida anormal. Son buenas fuentes de yodo las algas marinas, las cebollas, el ajo, la col, la lechuga, la zanahoria y la piña.
- **Potasio.** Es importante para el correcto mantenimiento de los líquidos corporales y del equilibrio ácido-base del cuerpo. Es necesario para los nervios y actúa con el calcio ayudando a evitar el estrés. Contribuye también a la eficacia del sistema de eliminación de desechos del organismo, por medio de su efecto sobre las glándulas. Las mejores fuentes son las frutas y las verduras, la melaza, las legumbres, las algas, los frutos secos, los cereales integrales y la levadura.
- **Silicio.** Según algunos expertos, el silicio da hermosos toques de vida a la piel y belleza al cabello. Es necesario para la salud del tejido conector y para el normal funcionamiento de las glándulas suprarrenales. Son especialmente ricos en este elemento los espárragos, las zanahorias, el apio, la lechuga, el perejil, los tomates, la calabaza, las lentejas, la avena y otros cereales integrales.

Además de los anteriores, hay otros minerales necesarios en la dieta aunque en cantidades muy pequeñas.

- **Cobre.** Desempeña un papel importante en la composición de todas las células del cuerpo. Ayuda en el desarrollo y el funcionamiento del cerebro, los nervios y el tejido conector. La insuficiencia en la dieta impide a los glóbulos rojos absorber el hierro, produciendo anemia. El cobre garantiza una buena calidad de los cabellos, interviniendo también en la formación del pigmento del cabello. En los seres humanos la anemia (y la insuficiencia de cobre que contribuye a ella) se ha asociado desde hace tiempo al encanecimiento. Las fuentes más ricas en cobre son las legumbres, la melaza, los cereales integrales, las almendras, los albaricoques y los higos.

- **Cinc.** Es también indispensable para lucir unos cabellos sólidos. En las personas con quemaduras graves, los suplementos dietéticos de cinc aceleran la curación. Son fuentes de este mineral los cereales integrales, las semillas y los frutos secos, los vegetales de hojas verdes, las frutas, la levadura de cerveza y las zanahorias crudas.

> **RESUMEN DE LA DIETA SALUDABLE PARA EL CABELLO**
>
> El cuero cabelludo se alimenta a través de la sangre. Por ello conviene adoptar una alimentación equilibrada e hipotóxica, a fin de tener una sangre pobre en toxinas y muy rica en nutrientes.
>
> Una alimentación que favorece los cabellos es una alimentación equilibrada, natural, con alimentos integrales, eliminando el azúcar refinado, reduciendo al máximo el consumo de grasas saturadas y dando preferencia a los minerales y a las vitaminas, que benefician la digestión y la asimilación.
>
> Para tener un cabello hermoso, la alimentación debe incluir:
> - pan integral y cereales integrales (en particular arroz integral);
> - germen de trigo y levaduras, especialmente de cerveza (pueden espolvorearse sobre las verduras, las pastas, en zumos...);
> - yogures;
> - aceites biológicos de primera presión en frío, para que conserven el máximo de vitaminas E y F;
> - frutos secos (nueces, avellanas, almendras);
> - huevos (consumidos siempre con moderación);
> - fruta fresca;
> - ensalada en cada comida (verduras crudas).

- **Magnesio.** Se considera un reforzador de los tejidos e impide que los cabellos se desvitalicen. Junto con el fósforo, ayuda a otras células a utilizar apropiadamente los elementos nutritivos. Es necesario para el buen control nervioso de los músculos e importante para el metabolismo del calcio y fósforo. Está presente en los albaricoque, las almendras, el trigo germinado, los cereales integrales y los frutos secos.

## TRES ALIMENTOS PRODIGIOSOS PARA EL CABELLO

### El germen de trigo

La mayor parte de las sales minerales útiles para los cabellos se encuentran en un producto cuyo consumo está aún muy poco extendido: el germen de trigo. Sin embargo, si se conociera el extraordinario valor nutritivo y terapéutico que estos modestos copos poseen, seguramente se emplearía diariamente en la confección de muesli y ensaladas. Como suplemento dietético, en las tiendas de alimentación natural se puede encontrar germen de trigo deshidratado (en seco) envasado. Posee un 35 % de proteínas, con los ocho ácidos grasos esenciales y todo tipo de vitaminas (sobre todo del grupo B) y minerales como el hierro, el calcio, el fósforo y el magnesio. También tiene lecitina (preciosa sustancia, alimento del tejido nervioso y disolvente del colesterol).

Se puede tomar mezclando una cucharadita en los zumos o espolvoreado en los platos. Sin embargo, si nuestra dieta incluye cereales integrales a partir de grano entero (hay que prestar atención al pan y la bollería elaborado con falsas harinas integrales obtenidas añadiendo salvado a la harina blanca y, por tanto, desprovistas de germen), tiene acumuladas en el germen de trigo las sustancias más importantes para su beneficio en las proporciones más correctas.

El modo más saludable de consumir germen de trigo es germinando el grano. En casa resulta muy sencillo germinar trigo a partir de granos biológicos que pueden obtenerse en las tiendas de alimentación natural. En la germinación, la vida que late en las semillas y los granos se manifiesta en toda su plenitud. Las sales minerales se multiplican en este proceso y se sintetizan abundantes vitaminas y fermentos. El incremento vitamínico es sorprendente. Su vitamina C aumenta en un 600 % en los primeros días de germinación (¡que no posee el grano seco!) y otras vitaminas del grupo B pueden llegar a triplicarse. Dobla su cantidad de calcio, de fósforo y de magnesio. Multiplica por diez su cantidad de provitamina A.

La forma más simple para germinar trigo consiste en colocar una capa de algodón mojado en una bandeja (mejor emplear agua mineral). Se depositan los granos de trigo encima y situamos la bandeja en un lugar templado teniendo siempre en cuenta que el algodón debe estar húmedo. De esta manera, el trigo empezará a germinar. Cuando presenta brotes de aproximadamente 0,5 cm, es el momento adecuado para tomarlo. Al tercer día aparece el germen. Se puede tomar en bocadillos y en ensaladas, a las que ofrece un exquisito toque crujiente y refrescante.

### El valor de la levadura de cerveza

La levadura de cerveza, que también se puede encontrar en tiendas de dietética, es otro excelente alimento por su excepcional aporte de aminoácidos esenciales, oligoelementos, sustancias activas y vitaminas del grupo B, elementos imprescindibles para tener un cabello sano y vigoroso. En relación con el pan integral, proporciona diez veces más cantidad de vitaminas B, cuatro veces más de proteínas y más del doble de minerales.

Su uso en la medicina natural se conoce desde hace 5.000 años. Hipócrates, Dioscórides, Paracelso y el párroco Kneipp recomendaron la levadura de cerveza. La «intensa fuerza del microcosmos», como la llamaron, es un alimento y un remedio extraordinario para el cabello, la piel y los nervios, para la depuración de nuestro organismo y para la regeneración de la flora intestinal, la circulación sanguínea y el colesterol.

La levadura de cerveza más valiosa es la levadura integral líquida. Es la única que puede producir los efectos curativos más intensos (mucho más que la que se comercializa seca en extracto). Se pueden encontrar en las tiendas de dietética y alimentación natural.

Esta levadura se obtiene de las propias fábricas de cerveza. El excedente que se produce allí se separa, se lava para eliminar las impurezas que contiene (elementos del cereal y del lúpulo) y se prensa para reducir el contenido de agua. Los procesos enzimáticos y de fermentación se inhiben mediante un calentamiento cuidadoso, durante el que las paredes de las células de levadura se abren y las sustancias del interior pueden actuar.

La levadura de cerveza está compuesta por microorganismos extremadamente activos, con un metabolismo intenso que les permite multiplicarse rápidamente. En este proceso generan una serie de vitaminas y proteínas de orígen vegetal de alto valor biológico, enriqueciéndolas con minerales y oligoelementos procedentes de su sustrato alimenticio.

**Las algas**

La característica fundamental de este alimento es su alto contenido en sales minerales y oligoelementos. Las más conocidas, que se encuentran normalmente en las tiendas de dietética, son el kombu, el wakame, el iziki, el nori y el agar agar, alga que se puede usar como gelatina.

Las algas son fuentes muy concentradas de elementos nutritivos. El nori seco tiene entre un 20 y un 34% de proteínas. Todas son ricas en calcio, hierro, fósforo, potasio, manganeso, sodio, zinc y, por supuesto, yodo, ya que crecen en agua de mar. También contienen vitaminas A, C y del complejo B, incluída la B12. Debido a esto, las algas son particularmente valiosas en las dietas pobres en vitaminas y minerales y también en las dietas vegetarianas. Pequeñas cantidades, una o dos cucharadas diarias, son un excelente complemento a un régimen vegetariano sin productos lácteos, ya que contienen de tres a diez veces más calcio que la leche, y su proporción de aminoácidos es más adecuada para el organismo que la de las verduras terrestres. De las vitaminas hay que destacar el contenido de B12 de algunas de ellas (noro, kombu e iziki), lo cual se contrapone a la idea generalizada de que esta vitamina sólo se encuentra en los productos cárnicos y lácteos.

Se sabe que las algas contribuyen a un crecimiento sano de las uñas, los cabellos, los huesos y los dientes, que aseguran un metabolismo correcto, que reducen el nivel de colesterol en la sangre y que mantienen el buen funcionamiento de las glándulas endocrinas, sobre todo del tiroides.

# CÓMO MANTENER UNA BUENA HIGIENE VITAL PARA LA SALUD DEL CABELLO

## EL ESTREÑIMIENTO

El cabello necesita un suministro abundante y sin restricciones de sangre limpia y rica en elementos nutritivos. Tras haber comido, digerido y absorbido los alimentos, los residuos pasan por el intestino grueso, o colon, mediante la peristalsis (la contracción ondular de los intestinos que impulsa los contenidos hacia delante para finalmente ser expulsados). En el colon los movimientos peristálticos son muy lentos. Usualmente los contenidos del colon tardan entre 16 y 24 horas en recorrer su longitud.

Las personas con una dieta rica en fibra, como los africanos, digieren y excretan sus alimentos en un día o menos, una velocidad tres veces superior a la de norteamericanos y europeos. ¿Es una simple coincidencia que los habitantes del Tercer Mundo tengan cabezas de abundantes cabellos?

Si los desechos permanecen en el colon más tiempo del debido, se produce un proceso de autoenvenenamiento y tiene lugar una reabsorción de toxinas. En lugar de ser arrojados, vuelven a la corriente sanguínea, son transportados a los tejidos y todas las células del cuerpo sufren las consecuencias. Es decir, la propia corriente sanguínea que lleva elementos nutritivos vitales al cuero cabelludo les lleva los productos de desecho. Se crea un círculo vicioso cuyos resultados son la mala asimilación de los elementos nutritivos, la malnutrición y el deterioro de las células.

Una dieta incorrecta es el principal responsable del estreñimiento. Hay que aumentar la ingestión de fibra, tomando una abundante ración diaria de frutas y verduras frescas y crudas, cambiar los alimentos refinados por los integrales y beber mucha agua y zumos naturales. Si seguimos esta alimentación –que es la natural– no hará falta tomar cada día dos cucharadas de salvado de trigo en un zumo, que es lo que recomiendan algunos médicos en lugar de aconsejar un cambio en la alimentación del paciente con problemas de estreñimiento. Esta medida de emergencia la podemos adoptar cuando nos encontramos de viaje y nos resulta más complicado seguir una dieta integral.

> **EN RESUMEN**
> Una regla de oro para el crecimiento y regeneración saludables del cabello es mantener la sangre limpia de toxinas y rica en principios vitales. Para ello es necesario que no queden residuos en el colon más de 24 horas, es decir, la evacuación de los intestinos se debe producir por lo menos una vez al día. La alimentación debe ser alcalinizante (depurativa) y rica en ensaladas y fruta.

## EL DRENAJE LINFÁTICO MANUAL EN EL CUERO CABELLUDO

Como peces en el agua, las células de nuestro cuero cabelludo, al igual que todas las células de nuestro cuerpo, están bañadas por el líquido intersticial. Este líquido se halla en perpetuo movimiento. A la ida, aporta los alimentos necesarios para la vida; a la vuelta, retira los desechos.

La depuración, que es posible gracias al sistema venolinfático y a la circulación de regreso, puede y debe ser favorecida en caso de problemas capilares. Para «depurar» el cuero cabelludo existe una técnica simple y al alcance de todos: el drenaje linfático manual.

Se trata de una presión muy suave que se practica en la región del cuello y del cráneo. Siguiendo un itinerario, sin frotar nunca, se mejora la circulación de la sangre, se relaja y se descongestiona toda esta región, una de las más castigadas. Todo ello tendrá, entre otros efectos, la virtud de reequilibrar las glándulas sebáceas.

A continuación ofrecemos un método simplificado que puede usted realizar por sí mismo.

En primer lugar se efectua una serie de bombeos al nivel del cuello. Se coloca la pulpa de los dedos índices a cada lado de su cuello, los codos separados al máximo y mantenidos hacia arriba y hacia atrás. Con un movimiento de rotación de sus antebrazos, se opera sobre su cuello una presión escalonada de sus dedos. Es decir, la presión comienza por el índice y termina por el meñique. Se ejecutan nueve bombeos sucesivos.

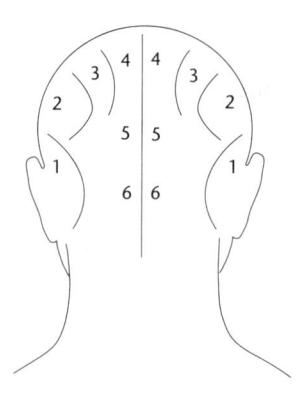

Zonas del cuero cabelludo que se han de tener en cuenta para el drenaje linfático manual.

La segunda parte del drenaje consiste en aplicar la pulpa de sus dedos sobre la base del cráneo, alrededor de sus orejas, en la zona 1. Sus codos se hallan separados, hacia arriba y un poco hacia delante.

Se ejerce entonces una maniobra combinada, realizando una rotación al mismo tiempo que una presión seguida de una depresión. Durante la presión, desplace el cuero cabelludo pero en ningún momento efectúe una fricción. Dicho de otro modo, sus dedos permanecen en contacto con el cuero cabelludo y le imprimen un movimiento sobre el cráneo.

El movimiento es lento y sigue el ritmo de las pulsaciones cardiacas, si es posible. La presión es aconsejable durante la diástole y la depresión durante la sístole.

Se continúa por la zona 2, luego por la 3, y así sucesivamente hasta la zona 6, efectuando de 6 a 9 acciones sobre cada zona.

---

Este masaje estimula eficazmente el flujo de la linfa, ayudando a la limpieza de la corriente sanguínea. Por medio de la linfa, los nutrientes y el oxígeno llegan a las diversas células de los tejidos y las células muertas, las toxinas y otros desechos son eliminados del sistema. La linfa es vital para la purificación de la sangre y realiza una función depuradora y defensora del organismo.

# LAS HORMONAS Y EL CABELLO

Las glándulas endocrinas (del griego endon, «dentro», y krinein, «segregar») son glándulas sin conductos de secreción interna, que producen hormonas (del griego hormon, «incitación»). Estas hormonas se segregan directamente a la sangre o a la linfa para que lleguen a todo el organismo. Afectan a todos los tejidos, incluso a los más alejados de donde se encuentran las glándulas secretoras. Algunas hormonas también pueden tener un efecto general sobre el cuerpo y cualquier desequilibrio en las glándulas endocrinas afecta en el crecimiento y la renovación del cabello.

- **La pituitaria (hipófisis)** recibe el nombre de «glándula maestra» porque influye en la actividad de muchas glándulas endocrinas. Está situada en la base del cráneo y entre las hormonas que produce hay una que controlan la actividad de las glándulas sexuales (ovario y testículos) y otra que controla la actividad del tiroides. Cuando la segrega mucho, los cabellos son sedosos; cuando su producción es insuficiente, los cabellos son finos.
- Los trastornos del **tiroides**, localizado en el cuello, promueven la pérdida de cabello. El tiroides segrega la tiroxina que controla todo el metabolismo del cuerpo y, por lo tanto, también influye indirectamente en la nutrición. Su falta de actividad menguará el cabello. Un hiperfuncionamiento de la tiroides vuelve los cabellos secos, quebradizos y ralos.
- **Las suprarrenales** (situadas en la parte superior del riñón) segregan la cortisona, que influye en el metabolismo de los carbohidratos y en el tono muscular, y la adrenalina, que estimula la actividad física. Si estas glándulas trabajan demasiado, se produce una fuerte secreción de seborrea. La insuficiencia de su secreción es incompatible con la vida misma. Revitalizando estas glándulas se mejora todo el sistema circulatorio y se recargan las células de los tejidos.

- **Las glándulas sexuales.** Los ovarios, las dos glándulas sexuales femeninas, producen estrógeno y progesterona, y los testículos (las masculinas) producen testosterona. Tanto los hombres como las mujeres segregan hormonas masculinas y femeninas, produciendo normalmente cada sexo más de un tipo y menos de otro. La producción de estas dos clases de hormona debe permanecer siempre en armonioso equilibrio. De otro modo aparecen efectos secundarios indeseables, como la calvicie común en mujeres a quienes sube el nivel de hormonas masculinas. El exceso de hormona masculina se ha relacionado también con la reducción de la capa grasa subsuperficial del cuero cabelludo, cuya función es precisamente protegerlo de la indebida compresión debida a la tensión de los músculos faciales y del cuero cabelludo.

---

Nuestro sistema glandular endocrino influye en todo lo que hacemos y afecta a toda nuestra existencia. Hay quien dice incluso que somos el resultado de nuestras glándulas endocrinas.

Funcionalmente, las glándulas endocrinas están estrechamente relacionadas con el sistema nervioso. De acuerdo con el doctor Brena, «en su esencia íntima las hormonas son manifestaciones de energía electroquímica condensadas dentro de las células y los tejidos del cuerpo humano».

Todo órgano y toda célula están bajo el control de las glándulas endocrinas y el lóbulo anterior de la pituitaria afecta al estatus del resto del organismo. Si estas glándulas languidecen o se vuelven sobreactivas, se ve afectada la nutrición y ejecución de cada célula del cuerpo. Todos los sistemas corporales son interdependientes y trabajan conjuntamente.

---

## HORMONA MASCULINA Y CALVICIE COMÚN

La relación entre calvicie y secreción hormonal ha quedado demostrada en numerosos experimentos. Se atribuye la alopecia a la excesiva producción de hormonas masculinas. A los eunucos no se les caía nunca el cabello debido a su castración.

No obstante, y como indicábamos antes, el funcionamiento normal de todas las glándulas endocrinas está influido de forma directa por la pituitaria. Es muy posible que el mal funcionamiento de esta glándula maestra sea responsable del mal funcionamiento de las glándulas sexuales masculinas y provoque el temido desequilibrio en la fabricación de la hormona. Cuando la pituitaria funciona de forma correcta, las otras glándulas y sus secreciones se encuentran también en armonioso equilibrio.

Una disfunción del sistema hormonal altera el funcionamiento de los otros sistemas y el metabolismo, lo que a su vez, obstaculizará la regeneración normal del cabello.

---

### LOS NUMEROSOS EFECTOS NEGATIVOS DE LOS PREPARADOS HORMONALES

Ante una disfunción cabe preguntarse si el uso de los preparados hormonales, tomados por vía interna o externa, no ayudaría a reactivar el crecimiento del cabello. Los escasos éxitos obtenidos en décadas pasadas han quedado totalmente superados por los numerosos efectos secundarios indeseables que han producido los tratamientos hormonales. La administración de estrógeno (la hormona sexual femenina) para compensar la producción excesiva de hormonas masculinas ha producido un efecto feminizador en los hombres (produciendo, por ejemplo, un crecimiento del pecho), ha inhibido el deseo sexual y ha reducido la virilidad.

La terapia con estrógeno se ha relacionado también con la coagulación anormal de la sangre, la inflamación de las venas y aplopejias. En las mujeres, las preparaciones hormonales pueden producir vello donde menos se desea: en el rostro.

Otro factor que influye en el desequilibrio hormonal es el uso de la píldora anticonceptiva. La pérdida anormal de cabello, aunque molesta, es el efecto secundario menos grave de una prescripción indiscriminada, como los años han demostrado. Las píldoras anticonceptivas afectan a la metabolización de las vitaminas, lo que suele acabar produciendo anemia («sangre pobre en hierro») y constituyendo un riesgo para la salud del cabello. Además, la píldora, que es una combinación de hormonas ▶

> ▶ masculinas y femeninas, altera el equilibrio natural del cuerpo. Todo ello afectará sin duda alguna a la salud del cabello.

En el capítulo «Ejercicios para un cabello sano» incluimos ejercicios destinados a estimular el funcionamiento normal de la pituitaria y el tiroides, que influyen en los procesos metabólicos del organismo. Con práctica regular y paciencia, estos ejercicios pueden contribuir a la armonía de las glándulas endocrinas y corregir cualquier desequilibrio existente.

En la mujer, durante el embarazo y el parto se producen muchos cambios hormonales. Durante la gestación puede tener un pelo extragraso, aunque después del nacimiento las glándulas sebáceas vuelven a trabajar normalmente. Precisamente tras el parto, el grado de desequilibrio endocrino puede ocasionar una terrible pérdida de cabello que, sin embargo, es sólo temporal. Meses después de la llegada del bebé, el crecimiento del cabello reasume su ritmo normal. La pubertad marca a menudo la aparición de la seborrea, pero también un aumento de la masa de cabellos.

## TRATAMIENTO HOMEOPÁTICO

### Hormonas femeninas
- *Para estimularlas contra la caída del cabello*
  - Anís verde (12 g por litro de agua). Dejar en infusión durante 15 minutos. Tres tazas al día.
  - Bardana (15 g por litro de agua). Dejar en infusión durante 10 minutos. Dos tazas al día.

### Hipófisis
- *Para estimularla contra el cabello demasiado fino*
  - Helenio, raíz seca (10 g por litro de agua). Se hierve durante 10 minutos. Dos tazas al día.
- *Para inhibir (calmar) la hipófisis*
  - Semillas de onoquilea o mijo perlado (un puñado de granos por litro de agua). Se hierve durante 15 minutos. Tres tazas al día.

### Tiroides
- *Para calmarla contra los cabellos secos y quebradizos*
  - Semillas de hinojo (13 g por litro de agua). Dejar en infusión durante 10 minutos. Tres tazas al día.
- *Para estimularla*
  - Algas (en infusión, ensalada o caldo).
  - Avena (30 g de tintura madre, diluida en un poco de agua, dos o tres veces al día entre las comidas).

### Suprarrenales
- *Para calmarlas contra los cabellos grasos*
  - Verbena (15 g por litro de agua). Dejar en infusión durante 10 minutos. Dos o tres tazas al día.
- *Para estimularlas*
  - Ajedrea (12 g por litro de agua). Dejar en infusión durante 10 minutos. Tres tazas al día.
  - Albahaca (15 g por litro de agua). Dejar en infusión 15 minutos. Tres tazas al día.

---

**EN RESUMEN**

En lugar de buscar la recuperación el equilibrio hormonal mediante el uso interno o externo de hormonas sintéticas, ¿por qué no la aborda de modo natural? Cambie sus hábitos dietéticos para que estén en consonancia con un régimen que proporcione las sustancias fortalecedoras que su cabello necesita para vibrar de salud. Dedique una parte del día a ejercicios que estimulen beneficiosamente sus glándulas y mejoren el crecimiento y la calidad del cabello. Incorpore a su vida técnicas de relajación natural que reduzcan la tensión facial y del cuero cabelludo, y que impulsen abundante sangre a la planta manufacturadora del cabello. Aplique principios sanos de la higiene del cabello para mantener el cuero cabelludo libre de las partículas que tapan sus poros. Este programa beneficiará a largo plazo no sólo a su cabello y su cuero cabelludo, sino a toda su persona.

# LOS TRASTORNOS NERVIOSOS Y EL CABELLO

No resulta extraño que algunos trastornos nerviosos afecten al cabello o al cuero cabelludo, ya que, cuando estamos en el útero de nuestra madre, todo nuestro organismo forma parte del mismo tejido (el ectodermo).

Nuestras emociones están muy influidas por las glándulas endocrinas, vinculadas con el sistema nervioso que, a su vez, está estrechamente relacionado con la piel por medio de una miríada de terminaciones nerviosas. Es fácil pensar que cualquier trastorno que perturbe esta armoniosa relación puede provocar una pérdida anormal del pelo.

### ¿POR QUÉ EL PELO SE VUELVE BLANCO?

He aquí un ejemplo significativo de la interrelación de todos los sistemas de nuestro organismo. Por un lado, el encanecimiento del cabello está relacionado con las glándulas sexuales. La actividad de estas glándulas productoras de hormonas disminuye con la edad y los cabellos parecen encanecer en la misma medida.

El sistema nervioso también tiene un papel importante. Está demostrado que las fuertes conmociones psíquicas o las preocupaciones duraderas pueden provocar un encanecimiento prematuro. En cierto modo los cabellos pueden ser considerados como barómetros psíquicos. Pueden envejecer en un margen corto de tiempo en caso de choques emocionales fuertes. Personas que han quedado sepultadas sin perder el conocimiento, y no han sido liberadas hasta algunos días más tarde, han aparecido con el pelo completamente gris.

La relación entre la carencia de algunas vitaminas del grupo B y el encanecimiento del cabello ya ha sido ▶

▶ mencionada. El doctor Vogel comenta en su libro *El pequeño doctor* que en Guatemala pudo ver a unos niños nativos en un hospital que, por culpa de la avitaminosis, tenían blanca una parte de su larga y negra cabellera.

# LA CIRCULACIÓN SANGUÍNEA Y EL CABELLO

Hay varios factores que influyen en la libre circulación sanguínea: los peinados y los tocados tensos, la tensión facial o del cuerpo, la aterosclerosis (estrechamiento de los vasos sanguíneos por depósitos grasos) y el tabaco, que restringe de modo particular la circulación periférica (en las extremidades del cuerpo).

Si es usted proclive al exceso de tensión, es conveniente aplicar a la vida diaria algunas de las técnicas para reducirla. Y si fuma mucho, ha llegado definitivamente el momento de reducir o eliminar este hábito.

## EL MASAJE DEL CUERO CABELLUDO

Como ya hemos indicado, un cuero cabelludo tenso impide el florecimiento del cabello y contribuye a su pérdida anormal. La gran concentración de músculos que hay bajo el cuero cabelludo produce una presión excesiva sobre los tejidos e incontables vasos sanguíneos allí localizados. Restringe mucho la circulación sanguínea a la planta manufacturadora del cabello (las papilas). Por esta disminución en el suministro sanguíneo, la producción de las papilas no es la óptima, las células que alimentan se empobrecen y no prosperan, ocasionando una pérdida de cabello anormal.

Un cuero cabelludo tenso es una amenaza a la salud, al crecimiento y a la regeneración del cabello. Mientras que el cuero cabelludo suelto permite el paso de las sustancias que hacen que la manufacturadora del cabello se ponga en marcha.

Por tanto, la estimulación de los tejidos del cuero cabelludo es uno de los elementos decisivos para el mantenimiento de un crecimiento saludable del cabello.

**Beneficios del masaje del cuero cabelludo**
- Estimula la circulación sanguínea y, por lo tanto, un mejor aporte de elementos nutritivos a las células capilares.
- Permite que la secreción hormonal natural sea mejor absorbida.
- Estimula las terminaciones nerviosas del cuero cabelludo, lo cual favorece el sistema nervioso en general que, a la vez, está en íntima relación con el sistema glandular.
- Relaja los músculos del cuero cabelludo y reduce la tensión que perjudica la circulación sanguínea.

---

**EN RESUMEN**
Algunos expertos consideran que el primer elemento esencial en el tratamiento de todos los problemas capilares es el mantenimiento de un cuero cabelludo sin tensión. Esta liberación se puede conseguir con ejercicios estimulantes que reduzcan la tensión y promuevan un suministro abundante de sangre rica en elementos nutritivos a las células capilares. También se puede conseguir mediante un masaje regular y apropiado del cuero cabelludo. El masaje también libera la piel de las células de escamación y estimula la circulación sanguínea y linfática, mejorando la nutrición y el crecimiento del cabello.

---

*El masaje se puede aplicar en el momento de lavar el cabello*

Se aplica masaje con mucha suavidad. Se empieza por la frente y se evoluciona hasta la nuca. Los dedos deben ejercer sobre el cuero cabelludo una contracción y expansión hasta llegar a la nuca, donde prosigue la aplicación con movimientos circulares y suaves durante medio minuto. Se vuelve a empezar, pero esta vez a partir de las sienes y evolucionado hasta detrás de las orejas para expandir la energía.

El masaje fuerte irrita las glándulas sebáceas y hace que el cabello se ensucie con facilidad. Con este sistema, en cambio, se consigue una mayor eliminación de toxinas y un aumento de la irrigación sanguínea, dando como resultado final unos cabellos más vigorosos, limpios y luminosos.

## LA TABLA INCLINADA

La tabla inclinada es un aparato que le permite tumbarse cómodamente con la cabeza hacia abajo y los pies elevados. En esta posición la sangre accede a los tejidos del cuero cabelludo con una facilidad que normalmente no resulta posible. Produce un extraordinario efecto rejuvenecedor sobre los órganos, las glándulas, los vasos sanguíneos y las células capilares lentas, que se ven así reactivadas.

Podríamos decir que la tabla inclinada proporciona una «transfusión de sangre» natural e interna sin igual, salvo la realización del puntal varios minutos al día, con la máxima comodidad.

La tabla inclinada se vende en algunas tiendas de dietética y casas de suministros para profesionales de la salud. Sin embargo, se puede hacer fácilmente en casa. Se necesita una tabla de madera de entre 50 y 60 cm de altura, 180 cm de longitud y unos 2 cm de espesor. También se compone de dos juegos de patas plegables de entre 27,5 y 50 cm de alto, con lo que la tabla se convierte en una cama estrecha y también en tabla inclinada cuando se abate un juego de tablas. La tabla se cubre con una tela acolchada. También se puede utilizar una tabla de planchar acolchada. Ponga un extremo sobre algún apoyo y túmbese con la cabeza en el extremo bajo.

Túmbese en la tabla con la cabeza en el extremo inferior. Cierre los ojos y relájese. Respire profundamente y mantenga esta posición durante unos veinte minutos, una o dos veces al día.

---

Además de ser un regenerador del cabello, la tabla inclinada es un excelente dispositivo de relajación. Utilícela siempre que decaiga su energía, experimente tensión o se sienta exhausto. Se sorprenderá de su capacidad de revitalización.

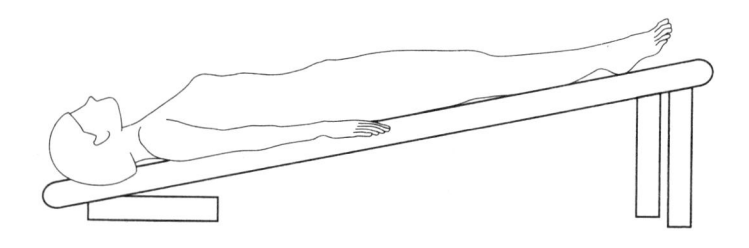

# EJERCICIOS PARA
# UN CABELLO SANO

> Los ejercicios que vamos a exponer en las próximas páginas son importantes para la salud del cabello. Han sido seleccionados por sus sorprendentes efectos sobre la circulación sanguínea, sobre las glándulas endocrinas y sobre el sistema nervioso. Como hemos señalado antes, todos los sistemas corporales son interdependientes y trabajan conjuntamente.

La sangre es la fuerza vital de todas las células, ya que les lleva las hormonas, las vitaminas, los minerales y otros elementos esenciales para que puedan realizar el proceso continuado de reemplazo de los cabellos. Todas las células de nuestro organismo dependen de un suministro adecuado de sangre para su nutrición, salud y regeneración. Esto es especialmente importante para las células del cabello y el cuero cabelludo porque, de hecho, los tejidos de las extremidades del cuerpo (la periferia) son los primeros en manifestar signos de deficiente circulación cuando el suministro de sangre que reciben es escaso. A esto hay que añadir la dificultad que encuentra la sangre al circular hacia arriba, ya que esta tiene que luchar contra la fuerza de gravedad.

Si la circulación periférica es defectuosa, los tejidos que hay bajo el cuero cabelludo no reciben la nutrición que le permite a la fábrica capilar allí localizada (bulbos y papilas capilares) tener la producción que debiera. Entonces decrece la fabricación de pelo.

Los ejercicios deben practicarse diariamente y de forma regular (es preferible 10 minutos cada día que 1 hora una vez por semana) y hay que tener el estómago vacío (si es posible). Se realizan sobre una superficie acolchada (como una alfombra o unas mantas dobladas) y hay que llevar ropa suelta y cómoda. Los precalentamientos son necesarios porque evitan los tirones y las tensiones musculares.

## EL PUNTAL O EL PINO

### Los beneficios de este ejercicio

Es una posición de perfecto equilibrio boca abajo, en la que el cuerpo descansa sobre una base o triángulo equilátero formado por la cabeza y los antebrazos.

Estimula la circulación sanguínea hacia la cabeza y el cuero cabelludo, donde llega un suministro de sangre más abundante del habitual (simplemente por el hecho de que la sangre debe vencer la fuerza de la gravedad cuando estamos de pie y le cuesta más subir). El resultado de la práctica de este ejercicio durante unos meses es que aumenta el crecimiento de cabello, e incluso aparece pelo nuevo en zonas calvas. La práctica regular de este ejercicio es lo más importante que se puede hacer para prevenir la pérdida y mejorar la salud del cabello.

Como la pituitaria está situada en la cabeza, se ve benéficamente estimulada por la mejora del suministro de sangre en la zona. Y como es la glándula que controla todas las glándulas del sistema endocrino, todas ellas se benefician.

Esta postura también es beneficiosa para el resto del organismo porque se produce una descarga de sangre de la parte inferior del cuerpo sobre la superior. Esto es ventajoso para los riñones, el estómago, los intestinos y las glándulas sexuales.

Se mejora la eliminación de deshechos, manteniendo limpia la sangre, mejora la digestión y la absorción de alimentos, lo cual enriquece la nutrición de todas las células, y se normaliza y equilibra la producción de hormonas sexuales.

Permite una excelente relajación de todos los músculos, pues el eje de gravedad del baricentro del cuerpo cae exactamente sobre el triángulo de apoyo que forma la base de la posición.

Es muy aconsejable practicar el puntal como ejercicio de relajación, para recuperar rápidamente la energía tras un día fatigoso.

**Cómo se hace**

*Fase I*
1. Siéntese sobre los talones, con los dedos de los pies señalando hacia atrás. Busque una posición cómoda.
2. Inclínese hacia abajo, descansando los codos sobre la alfombra.
3. Ajuste la distancia entre los codos de modo que mida la longitud del antebrazo. Se hace girando el antebrazo izquierdo hacia dentro, ajustando el pulgar y el índice con el ángulo del codo del brazo derecho. Se hace lo mismo con el brazo derecho. Mantenga la posición de los codos hasta el final del ejercicio.
4. Con los codos firmes sobre la alfombra gire los antebrazos hacia delante, entrelazando los dedos de las dos manos.
5. Descanse la parte superior de la cabeza sobre la alfombra entre las palmas de las manos, acunando entre los dedos la parte posterior de la cabeza.
6. Doble los dedos de los pies de modo que apunten hacia arriba.
7. Presione sobre los dedos de los pies, levantando las piernas y estirando las rodillas.

Llegado a este punto, respire profundamente mientras sostiene la posición. Practique esta postura varias veces hasta que la realice cómodamente antes de pasar a la siguiente fase del ejercicio. Al principio mantenga la posición unos segundos.

Aumente el tiempo hasta que pueda mantenerla un minuto con absoluta tranquilidad.

Con un movimiento inverso, salga de la posición muy lentamente. Antes de levantarse, descanse uno o dos minutos sentado sobre los talones.

## *Fase II*

8 Partiendo de la posición descrita en el paso 7, camine con las puntas de los dedos hacia la cabeza hasta que sienta como si se levantaran solos de la alfombra. Doble las piernas por las rodillas, de modo que los dedos señalen hacia atrás. Las rodillas dobladas están cerca del pecho. Así termina la fase II del puntal.

Practique esta postura varias veces, respirando profundamente, hasta que se sienta confiado y preparado para la tercera fase.

Con un movimiento inverso, salga de la posición muy lentamente. Antes de levantarse, descanse uno o dos minutos sentado sobre los talones.

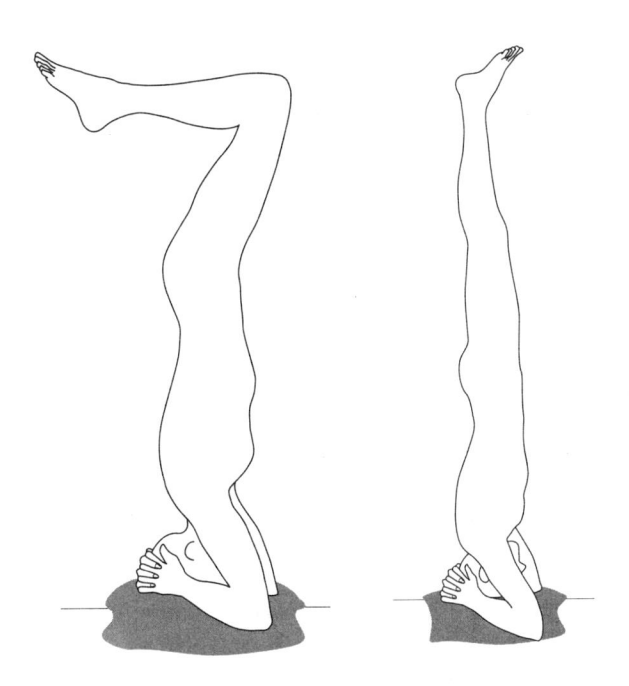

## Fase III

9 Partiendo de la posición descrita en el paso 8, estire las articulaciones de las caderas de modo que las rodillas apunten hacia arriba y los talones hacia abajo por detrás.

Practique esta posición varias veces, aumentando el tiempo y respirando de forma uniforme y profunda. Salga lentamente de esta posición invirtiendo los pasos.

## Fase IV

10 Partiendo de la posición descrita en el paso 9, estire las rodillas hasta que los pies apunten hacia arriba y su cuerpo esté perfectamente alineado.

Al principio sólo mantendrá la posición unos segundos, aumentando el tiempo hasta que pueda mantenerla sin esfuerzo durante 5 minutos. Es entonces cuando es muy importante respirar profundamente.

> Si después de intentarlo varias veces, no consigue el puntal, no se desanime. Entrénese para conseguir la posición de hombros. Sus excelentes beneficios para la salud del cabello y del organismo en general son prácticamente los mismos y para muchas personas resulta mucho más fácil.
> También es excelente como ejercicio de relajación, para recuperarnos rápidamente tras un día duro.

## EL CLAVO

**Los beneficios de este ejercicio**

Este ejercicio, junto con el del puntal, son los dos mejores ejercicios para mejorar la salud del cabello.

Se trata de otra posición que invierte la posición natural de la cabeza y las caderas y que requiere la ayuda de las fuerzas gravitacionales. Permite que la sangre circule más fácilmente hacia el dorso, enriqueciendo los tejidos de esta zona con saludables elementos nutritivos.

Los saludables beneficios de esta posición son el resultado de un doble mecanismo de estiramiento y contracción, en el que intervienen tres grupos musculares: los músculos de la espalda, que se estiran, y los músculos abdominales y de la parte delantera del cuello, que se contraen.

Se revitalizan los órganos del tronco (estómago, intestinos, hígado, páncreas, bazo, vejiga y órganos reproductores), mejorando los procesos digestivos, metabólicos y endocrinos.

Se produce una presión del tiroides (por la contracción de los músculos en la parte delantera del cuello) y un incremento del suministro de sangre a esta zona que mejora la función tiroidea.

Parece ser que esta posición de equilibrio invertido ha servido para que cabellos grises recuperen su color original.

**Cómo se hace**

*Fase I*
1 Túmbese de espaldas sobre la alfombra o la manta. Doble las rodillas, colocando las plantas de los pies sobre la alfombra y los brazos cerca de los lados del torso.

2 Lleve las rodillas dobladas hacia el pecho.
3 Estire las piernas hasta que los dedos de los pies señalen hacia arriba.
4 Eche hacia atrás simultáneamente ambos pies, hasta que las caderas se levanten de la alfombra. Apoye las manos en las caderas, con los pulgares hacia delante. El peso de la parte inferior del cuerpo se sujeta con las palmas, los codos, el cuello y la parte posterior de la cabeza. Los codos actúan como el punto de apoyo de una palanca.

Al principio mantendrá esta posición durante pocos segundos. Aumente el tiempo poco a poco, hasta que la sostenga cómodamente durante varios minutos. Procure respirar profundamente.

Para salir de esta posición hay que apoyar el cuerpo en los brazos, manteniendo la cabeza firme sobre la alfombra mientras baja las caderas. Doble las rodillas, baje los pies lentamente hasta el suelo, estírelos y descanse.

### *Fase II*

5 Pase gradualmente las manos de sus caderas a la espalda, hasta que su cuerpo esté en la mejor vertical que pueda obtener con total comodidad. La barbilla estará en contacto con el pecho y su cuerpo se encontrará lo más relajado posible.

Al principio mantenga la posición durante pocos segundos, aumentando progresivamente hasta sostenerla cómodamente durante varios minutos. Respire siempre profundamente.

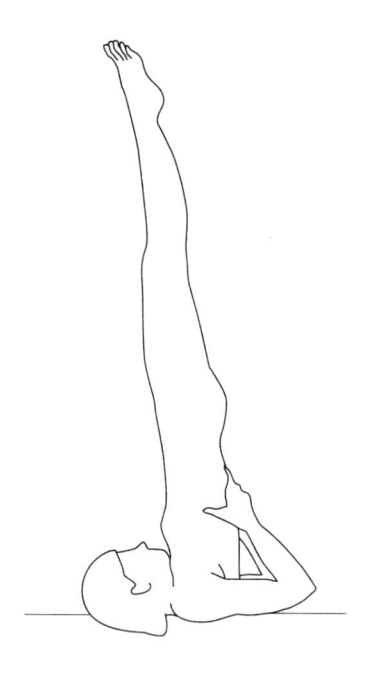

Para salir de esta posición eche los pies ligeramente hacia atrás y ponga los brazos junto al cuerpo, apoyándolos sobre la alfombra. Concéntrese para mantener el equilibrio. Mientras baja lentamente las caderas hacia la alfombra, mantenga alta la barbilla y la cabeza apoyada con firmeza en la alfombra. Doble las rodillas, baje los pies lentamente, estírese y relájese.

## EL ESTIRAMIENTO DE LA ESPALDA

### Los beneficios de este ejercicio

En esta posición el cuerpo no está invertido, sino doblado sobre sí mismo. Se estiran más los músculos de la espalda y se contraen más los abdominales y de la parte delantera del cuello.

Los beneficios son parecidos a los de la posición de hombros. Además, por la tracción natural sobre la columna se liberan los nervios bloqueados, con la consiguiente mejora en el funcionamiento del sistema nerviosos. También se estimula la circulación que va a la médula espinal.

Como el sistema nervioso y el endocrino están íntimamente relacionados (son interdependientes), este último también se beneficia, y ambos transmiten sus beneficios a las células del cabello y el cuero cabelludo.

Mientras se mantiene esta posición, con una respiración rítmica, los músculos de la parte posterior de la cabeza reciben un masaje suave pero muy terapéutico. Estimula la circulación sanguínea hacia el cuero cabelludo, promoviendo la salud general del cabello.

**Cómo se hace**
1. Se empieza tumbado sobre la espalda, con las rodillas dobladas, las plantas de los pies sobre la alfombra y los brazos estirados junto al cuerpo.
2. Se llevan las rodillas dobladas hacia el pecho.
3. Estire las piernas para que los pies señalen hacia arriba.
4. Eche hacia atrás los dos pies simultáneamente hasta levantar las caderas. Mantenga los brazos y las manos donde están.
5. Siga echando los pies hacia atrás, que el peso de las piernas lleve a los pies hacia la alfombra (o impúlselos) por detrás de usted hasta llegar al punto más lejano que cómodamente pueda.

Al principio sólo podrá mantener esta posición durante unos segundos. Gradualmente vaya aumentando el tiempo hasta sostenerla varios minutos con total comodidad y respirando profundamente.

Para salir de la posición baje lentamente la columna hasta que las caderas toquen la alfombra. Para mantener mejor el control, presione con los brazos y las manos sobre la alfombra. Doble las rodillas, baje los pies, estírese y relájese.

**SUGERENCIAS**
Es posible que al principio sus pies no lleguen a la manta que hay detrás. Un buen consejo es colocar una silla baja, un taburete o unos cojines para tocarlos con los pies. De esta manera se hará alguna idea de sus progresos. Y no se desanime: conseguirá su objetivo cuando la columna pierda su rigidez inicial.

## ESPALDA DOBLADA

### Los beneficios de este ejercicio
Este ejercicio es una contraposición al estiramiento de la espalda, que estira los músculos abdominales y de la parte delantera del cuello y contrae los de la espalda.

El principal receptor de los beneficios que proporciona este ejercicio es el tiroides, localizado en el cuello, gracias al estiramiento terapéutico de la garganta. Como el tiroides influye en todo el metabolismo corporal, la mejora es general.

El estiramiento de toda la parte delantera del cuerpo afecta también a las demás glándulas endocrinas (por ejemplo, las glándulas sexuales). Como la caja torácica está bien expandida, los pulmones se pueden ventilar mejor, aumentando la cantidad de oxígeno disponible para todas las células corporales.

La contracción de los músculos de la espalda produce un masaje terapéutico de las suprarrenales que ayuda a mejorar su función y tiene efectos de largo alcance sobre los otros procesos del cuerpo. Los músculos de la columna se benefician de este masaje, repercutiendo en la circulación vertebral y, por extensión, en todo el sistema nervioso.

### Cómo se hace
1. Arrodíllese sobre la alfombra.
2. Inclínese hacia atrás cuidadosamente y descanse la mano izquierda sobre el talón izquierdo.
3. Descanse la mano derecha sobre el talón derecho.
4. Agarrando los talones con las manos para afirmarse, incline lenta y cuidadosamente la cabeza hacia atrás. Empuje el pecho y las caderas hacia arriba para estirar toda la parte delantera del cuerpo.

Al principio, intente mantener esta posición durante unos

segundos. Gradualmente aumente hasta sostenerla 2 o 3 minutos.

Para salir de la posición, eleve cuidadosamente la cabeza y vuelva lentamente a la posición de principio. Siéntese sobre los talones y descanse.

Cuando haya adquirido suficiente flexibilidad, puede aumentar el estiramiento de toda la parte frontal del cuerpo, poniendo las manos sobre el suelo detrás de los pies.

---

**SUGERENCIAS**

Si el estiramiento al que obliga el ejercicio de la espalda doblada le resulta difícil de realizar, puede intentarlo con esta versión más sencilla pero también efectiva.

1 Siéntese sobre los talones, con los dedos apuntando hacia atrás. Busque una posición cómoda.
2 Inclínese hacia atrás y ponga las manos sobre la alfombra detrás de los pies, con los dedos hacia atrás.
3 Incline cuidadosamente la cabeza hacia atrás. Dirija la parte delantera del cuerpo hacia arriba mientras levanta lentamente las caderas de los talones.
4 Mantenga la posición mientras le resulte cómoda, respirando uniformemente.

Para salir de la posición realice cuidadosamente los movimientos a la inversa. Descanse.

## LA HOJA PLEGADA

### Los beneficios de este ejercicio
Se trata de una posición de acurrucamiento sumamente relajante. Es muy similar a la que adoptan algunos niños durante el periodo del sueño o ciertas religiones para simbolizar la veneración.

Se estiran los músculos de la espalda y la columna, lo que mejora la circulación vertebral y la salud de los nervios de la columna. El sistema nervioso se beneficia de ello y, evidentemente, el cuero cabelludo.

Esta posición, en la que se invierte la posición de la cabeza, permite la llegada al cuero cabelludo y al cabello de un suministro de sangre más abundante del habitual, llevando a las células de la zona elementos nutritivos vitales que les ayudan a prosperar y regenerarse.

Mientras mantiene la posición, la respiración rítmica realiza un masaje beneficioso de todos los órganos, las glándulas, los vasos sanguíneos y las demás estructuras del cuerpo, estimulando un mejor funcionamiento que acaba beneficiando a todas y cada una de las células del cuerpo.

### Cómo se hace
1 Siéntese sobre los talones con las piernas juntas.
2 Inclínese hacia delante y descanse la frente sobre la alfombra cerca de las rodillas.
3 Descanse los brazos a lo largo del cuerpo, junto a las piernas, con las palmas vueltas hacia arriba.

Al principio intente mantener esta posición unos segundos, respirando uniformemente. Con el tiempo podrá sostenerla varios minutos.

Para salir de la posición, levante primero la cabeza y luego el torso lentamente. Siéntese sobre los talones y descanse.

> **SUGERENCIAS**
> Si le resulta más cómodo, puede volver la cabeza hacia un lado y hacia el otro durante cada mitad del periodo de ejercicio. Es una práctica muy relajante, fácil de realizar y que resulta excelente para descansar después de un día fatigoso.

## EL GIRO DE COLUMNA

### Los beneficios de este ejercicio

En este ejercicio se realiza una torsión máxima de la columna de una manera fácil y segura.

Con la rotación de la columna se realiza un masaje estimulante de los miles de nervios que salen de la médula espinal. En consecuencia, se revitaliza el cuerpo y todas sus estructuras.

Esta rotación también reactiva los músculos de la espalda inferior, beneficiando en particular las suprarrenales que, como sabemos, influyen en numerosos procesos corporales. Según el doctor Steven Berna, «revitalizar las suprarrenales es mejorar todo el sistema circulatorio y recargar todas las baterías eléctricas celulares».

### Cómo se hace

1 Siéntese sobre la manta o la alfombra con las piernas estiradas.

2 Doble la pierna izquierda por la rodilla y ponga el pie izquierdo junto a la rodilla exterior derecha.
3 Gire suavemente la parte superior del cuerpo hacia la izquierda. Ponga ambas manos sobre la alfombra en el lado izquierdo. Gire la cabeza para que mire por encima del hombro izquierdo.
4 Mantenga esta posición unos segundos, respirando tan regularmente como pueda. Intente sostenerla cada día unos segundos más.
5 Enderece lentamente el cuerpo, estire las piernas y descanse.

Repita los mismos pasos en la otra dirección.

# EL ESTRÉS Y LA PÉRDIDA DEL CABELLO

En las actividades cotidianas (masticar, escribir, reír...) creamos tensión (contracciones musculares) en los músculos, que usualmente se aloja en partes especiales: el rostro, la parte posterior del cuello, los hombros...

Los músculos estirados ejercen una indebida presión sobre las estructuras adyacentes (como las glándulas y los vasos sanguíneos). El suministro de sangre a estas zonas queda perjudicado y los tejidos, desnutridos. Estos no prosperan como la naturaleza había previsto. Las glándulas producen un exceso o un defecto. Se perturba el equilibrio y repercute en todo el organismo.

También los músculos de la expresión facial (descritos en el capítulo «El cabello y el cuero cabelludo») están sometidos a mucha tensión cuando sonreímos, estamos nerviosos, lloramos, estamos enfadados o masticamos. Según los investigadores, la excesiva contracción habitual de estos músculos constriñe los vasos sanguíneos del cuero cabelludo y perjudica la nutrición del cabello.

Ya en el año 1903, el doctor Moritz Schein sugería que la tensión en el cuero cabelludo era la causa de la calvicie común humana. Según él, la contracción de los músculos del cuero cabelludo reducía drásticamente el suministro de sangre y linfa que circulaba por la zona, comprimiendo la piel y los tejidos conectivos.

El doctor Schein pensaba que esa compresión se debía a una forma heredada del cráneo. El hecho de que las mujeres y los niños suelen tener cabezas más pequeñas y aplanadas que los hombres podría apoyar esta teoría, pero en la actualidad parece estar descartada. Seguramente el principio del doctor Schein se puede aplicar a todo lo que produzca una constricción, como la tensión facial habitual y el cuero cabelludo resultante de las expresiones faciales nerviosas y otras malas costumbres.

En los años 60 se comprobó que en los cueros cabelludos de los hombres calvos había una gran compresión del tejido. En contraste, los tejidos del cuero cabelludo de mujeres y niños, en quienes la calvicie es mucho menos frecuente o inexistente, eran más flexibles y gruesos. Se observó que las mujeres aquejadas de calvicie común solían tener cueros cabelludos muy tensos y una capa muy delgada de tejidos grasos y subcutáneos. En el examen con rayos X se vio que los cueros cabelludos bien dotados de pelo tenían un tejido de subapoyo con un grosor doble al de los cueros cabelludos desprovistos de pelo.

Siguiendo con la relación entre pérdida de cabello y tensión, en la actualidad abundan los textos científicos con evidencias que apoyan que la tensión facial o la risa explosiva y frecuente producen una considerable tensión en el cuero cabelludo, que comprime estructuras vitales para el florecimiento del cabello.

> **EN RESUMEN**
> A medida que aumenta la tensión, los músculos que hay bajo el cuero cabelludo se contraen proporcionalmente, ejerciendo una presión añadida sobre los vasos sanguíneos allí localizados que se constriñen. En consecuencia, el flujo sanguíneo se reduce, los elementos nutritivos que contiene la sangre no pueden llegar satisfactoriamente a los folículos capilares, que languidecen, y el pelo se debilita. Con el tiempo, deja de luchar por la supervivencia y se cae. La tensión produce un incremento de las glándulas sebáceas, contribuyendo también a la formación de caspa.

## TÉCNICAS DE RELAJACIÓN

Ante el hecho incuestionable de que en las últimas décadas ha aumentado la incidencia de la pérdida anormal de cabello entre hombres y mujeres, los expertos creen que la razón predominante es el estrés que, en sus diversas formas, implica la vida cotidiana. Y el estrés –la reacción del cuerpo a las demandas que se le hacen– produce un incremento de la tensión.

Para aliviar esta tensión excesiva es necesario establecer una práctica diaria de técnicas de relajación. Teniendo en cuenta nuestro ritmo trepidante, hay que saberlas incorporar en nuestros planes cotidianos pues estas técnicas deben practicarse regularmente para obtener un verdadero valor. Conviértalas en parte integrante de su vida, como cualquier otro hábito necesario (comer, dormir, limpiarse los dientes...). La gran ventaja de estos ejercicios es que son muy simples y pueden adaptarse fácilmente a distintos lugares y circunstancias.

### La relajación facial
Con este ejercicio se consigue llevar un abundante suministro de sangre a los tejidos del rostro y el cuero cabelludo. También ayuda a que tomemos conciencia de la tensión facial, que limita la afluencia sanguínea a la planta manufacturadora del cabello existente bajo el cuero cabelludo. Le permite reducir esta tensión, estimulando la afluencia de elementos nutritivos que permite la regeneración de las células capilares.

#### *Cómo se hace*
1. Siéntese sobre los talones y ponga las manos sobre las rodillas.
2. Inspire uniformemente.
3. Espire sacando la lengua al máximo. Abra los ojos todo lo que pueda y mire ferozmente. Mantenga la posición mientras espira.
4. Inspire y relaje todos los músculos faciales. Cierre los ojos y visualice que toda la tensión del rostro y el cuero cabelludo desaparece.

Es conveniente repetir este ejercicio varias veces al día.

### La relajación de las mandíbulas
Este ejercicio ayuda a establecer una conciencia de la tensión acumulada en las mandíbulas y permite eliminarla de forma consciente, antes de que cree una presión indebida en los vasos sanguíneos cercanos. Envía un abundante suministro sanguíneo a las células capilares.

#### *Cómo se hace*
1. Mantenga una posición erguida, cómodamente sentado o de pie.
2. Diga silenciosamente la siguiente frase, exagerando: «Pa mey ui oll gou tuu».

Es conveniente practicarlo varias veces al día.

## La relajación del cuello

Ayuda a eliminar las tensiones que se adhieren a la nuca y la garganta. Le ayuda a bañar esta zona con un abundante suministro sanguíneo, que contiene los elementos nutritivos que alimentan las células del cabello y el cuero cabelludo.

El cuello lo recorren las dos arterias mayores, con diversas ramas que alimentan el rostro y el cuero cabelludo. Cualquier tensión acumulada en esa zona produce un estrechamiento de esos importantes vasos sanguíneos, interfiriendo el trabajo de enriquecer el cabello y el cuero cabelludo. Este ejercicio de relajación del cuello ayuda a eliminar las presiones de esta fuente vital para las células capilares.

### Cómo se hace

1. Sitúese cómodamente, sentado o de pie, donde nada impida el libre movimiento de la cabeza. Respire naturalmente.
2. Inspire. Espire y gire la cabeza mirando a la derecha todo lo que le resulte cómodo. Mantenga esta posición e inspire, espire e inspire.
3. Espire y gire la cabeza para mirar hacia el frente. Inspire.
4. Espire y gire la cabeza para mirar a la izquierda todo lo que pueda. Mantenga esta posición e inspire, espire e inspire.
5. Incline la oreja derecha hacia el hombro derecho, manteniendo el hombro lo más quieto posible y moviendo sólo la cabeza y el cuello. Mantenga esta posición unos segundos, respirando profundamente.
6. Levante la cabeza de nuevo.
7. Repita el paso 5 hacia la izquierda.
8. Levante la cabeza de nuevo y descanse.

## La respiración

La respiración es una de las técnicas de relajación más eficaces, a disposición de cualquier persona, en cualquier lugar y a cualquier hora.

1. Relaje las manos y cualquier otra parte del cuerpo que esté tensa. Si es preciso, cierre los ojos.
2. Inspire lenta y profundamente, sin producir la menor tensión. No debe retener la respiración.
3. Espire de forma lenta y uniforme, vaciando los pulmones todo lo que pueda, para eliminar hasta el último rastro de aire viciado.

4 Repita los pasos 2 y 3, en sucesión fluida, durante un minuto por lo menos. Con el tiempo llegará a mantener cinco minutos la respiración rítmica.

Para mejorar los efectos de la respiración rítmica, mientras inspira visualice un abundante suministro de oxígeno entrando en sus pulmones y corriente sanguínea y pasando a todas las células, incluyendo las de capilares para revitalizarlas.

Al espirar, imagine la materia de desecho de las células, los tejidos y la sangre eliminándose con el dióxido de carbono expulsado.

---

La visualización es una técnica antigua que se sigue utilizando para entrenar a los atletas en Rusia y otros estados y aumentar así su rendimiento. También se ha utilizado muy eficazmente como ayuda de otras terapias para producir una remisión en los pacientes de cáncer. Se puede utilizar siempre para reforzar eficazmente la efectividad de otros tratamientos.

---

**La meditación**

Además del estrés que provoca tensión facial y corporal, la ansiedad que normalmente se tiene ante la pérdida de cabello refuerza los factores que ya están contribuyendo a este trastorno, creando así un círculo vicioso.

Uno de los métodos más eficaces para superar la ansiedad es la práctica diaria de la meditación. Practicada dos veces al día, en sesiones de veinte minutos, la meditación ayuda a disminuir las tensiones que interfieren en el funcionamiento óptimo de la circulación sanguínea, la producción y el equilibrio hormonal y los demás procesos vitales del cuerpo. Es tan eficaz que ni siquiera el sueño profundo o los estados de ensoñación pueden aliviar tanto las tensiones. Durante la meditación se produce un estado fisiológicamente único: una tasa metabólica más baja (se reduce a un 20%) con la consiguiente disminución de la presión sanguínea. Los latidos del corazón se reducen, lo mismo que la respiración, lo que denota un estado de descanso profundo que es muy beneficioso para todas las células. Les da un respiro frente a la actividad constante y les ayuda a regenerarse.

1 Para meditar elija un lugar tranquilo donde no sea molestado.

2 Siéntese derecho y cómodamente de forma natural. Apoye la cabeza y la columna si es necesario. Relaje las manos y el resto del cuerpo. Cierre los ojos.
3 Relaje las mandíbulas, dejando de apretar los dientes. Cierre los ojos y respire lenta, suave y naturalmente.
4 Relaje lo mejor que pueda todas las partes del cuerpo.
5 Inhale normalmente por la nariz y espire, pronunciando mentalmente una palabra predeterminada (paz, uno...).

Continúe con la recitación silenciosa de la palabra elegida al espirar.

Al principio puede encontrar que sus pensamientos se pierden en otras cosas que no sean respirar y concentrarse en la palabra. No se preocupe por esto. Es normal en los meditadores principiantes. Simplemente vuelva a llevar la atención a su meditación y empiece de nuevo. Hay que perseverar pero sin forzar las cosas, ya que se producirían tensiones que bloquearían los propósitos del ejercicio.

# LA HIGIENE NATURAL DEL CABELLO

Hasta el momento, todas las ideas que hemos comentado para mantener una buena salud y regeneración del cabello se resume en tres elementos clave: estimulación, alimentación y limpieza.

Para que el cabello crezca, prospere y se renueve, el cuero cabelludo debe estar libre de tensiones, el suministro sanguíneo debe ser abundante y limpio de toxinas, y las secreciones naturales del cuero cabelludo deben producirse y distribuirse de forma correcta. Para que todo esto se produzca, resulta muy eficaz el adecuado acondicionamiento del cabello previo al champú, el masaje durante el enjabonamiento, el aclarado a fondo y el cepillado diario.

## ACONDICIONADORES NATURALES PREVIOS AL CHAMPÚ

> En la cabeza hay pequeños poros o aberturas que permiten una cierta absorción de las aplicaciones locales. Aunque estos tratamientos tópicos no pueden reemplazar nunca a las sustancias vitales que proporciona la sangre, se pueden utilizar como ayudas para mejorar su valor.

Los acondicionadores de hierbas se han utilizado desde hace siglos en los tratamientos de pérdida de cabello. Como son naturales, su absorción no perjudica al cuero cabelludo.

### Acondicionador nutritivo

Se trata de un acondicionador de gran valor proteico que elimina los desechos que obturan los poros del cuero cabelludo, dejando el paso libre a sus elementos nutritivos. Enriquece el pelo, devolviéndole su aspecto fuerte y lustroso.

Para hacerlo en casa hay que mezclar los siguientes ingredientes (la mayoría se pueden encontrar en tiendas de dietética) en una batidora.
- una taza de leche descremada;
- una yema de huevo;
- el contenido de dos cápsulas de aceite de germen de trigo;
- una cucharada de germen de trigo;
- 15 ml de lecitina;
- 15 ml de salvado de trigo.

Se reparte la mezcla en el cuero cabelludo y se aplica un pequeño masaje. Se deja durante unos 10 minutos. El acondicionador será mucho más eficaz si, durante este tiempo, se envuelve la cabeza con una toalla.

Pasado este tiempo se enjuaga bien la cabeza con agua templada. Se lava la cabeza con el champú habitual.

### Acondicionadores de hierbas

Las hierbas que mencionamos a continuación son un estimulante excelente del cuero cabelludo que promueve el crecimiento del cabello. Se aplica la infusión humedeciendo sus dedos en ella y masajeando bien el cuero cabelludo.

La infusión se hace según la proporción usual: una cucharadita de hierba por una taza (250 ml) de agua. Se enfría y se cuela.

> Muchas de estas hierbas se pueden usar tanto como acondicionador (antes del lavado) como para el aclarado, mezclado con una cucharada de vinagre de manzana. Algunas también pueden usarse como loción diaria.

- **Manzanilla.** Es cicatrizante y bactericida. Se puede utilizar como aclarado tras un lavado con champú (en este caso se puede mezclar con un poco de vinagre de manzana). Es mejor utilizarla para cabellos rubios.
- **Bardana.** Activa el rebrote de los cabellos. También se puede hacer una maceración de 90 g de raíces frescas de bardana y 60 g de hojas frescas de ortiga en medio litro de ron. Se deja reposar 15 días y se filtra.
- **Romero.** Desinfecta, cicatriza y estimula la raíz de los cabellos. También se cree que el romero produce un buen efec-

to sobre los vasos sanguíneos. Su aceite y sus hojas en infusión son muy beneficiosos para el cabello y el cuero cabelludo ya que parece ser que el aceite estimula los folículos capilares y oscurece el cabello.

- **Tomillo.** Se puede utilizar la infusión como aclarado tras el lavado habitual con champú.
- **Abrótano.** De olor agradable, se puede emplear en loción cada día haciendo un drenaje linfático en el cuero cabelludo.
- **Cola de caballo.** La infusión puede ser utilizada como loción para calmar las irritaciones del cuero cabelludo o como bebida, a razón de dos tazas al día, para aportar las sustancias minerales necesarias al cabello.
- **Tilo.** Es calmante y combate las inflamaciones. También se puede emplear en loción cotidiana o tras el lavado con champú.
- **Aquilea.** Es astringente y descongestiva. Se puede aplicar a diario.
- **Aloe vera.** Los productos naturales hechos con esta planta están ganando actualmente popularidad por varias razones, incluyendo la curación de heridas y quemaduras del sol y el alivio de la picazón que producen algunas erupciones de la piel. Con las hojas de esta planta se produce un gel, cuyos componentes principales son dos aloínas que parece ser que tienen propiedades curativas. Los indios mexicanos han utilizado esta planta como acondicionador del cabello desde hace mucho tiempo. Se frota el cabello y se aplica un masaje en el cuero cabelludo con el jugo gelatinoso de las hojas de la planta. Se deja en la cabeza por la noche y se lava el día siguiente. No es necesario ningún champú, pues el aloe produce su propio jabón enriquecido. El pelo queda muy brillante, con mucho cuerpo y manejable. Las propiedades curativas de la planta se absorben en cuestión de horas.

De las siguientes hierbas se puede obtener el jugo con ayuda de una licuadora y aplicarlo directamente sobre el cuero cabelludo. Se utiliza la cantidad de un vasito para masajear el cuero cabelludo. Se aclara bien.

- **Ortiga.** Desde los tiempos más remotos la ortiga es conocida como remedio natural para estimular el cuero cabelludo, detener la caída de los cabellos y combatir la caspa. Sus hojas tiernas se pueden consumir troceadas en la ensalada. Otra posibilidad es extraer el jugo con una licuadora para utilizarlo en loción.

- **Capuchina.** Es muy rica en principios activos para los cabellos y deliciosa en ensaladas, en sopa y troceada con patatas. También se puede hacer una loción compuesta. En un litro de alcohol de 60º, se mezclan 60 g de flores de capuchina y 60 g de hojas de ortiga. Se deja macerar durante unos 10 días, se filtra y se añaden 15 gotas de aceite esencial de lavanda. Friccionar tres veces por semana.
- **Berro.** Muy rico en yodo, hierro, compuestos azufrados y vitaminas C, A, B2, E y PP, es una de las mejores plantas para los cabellos. También se puede hacer una loción compuesta. Se mezclan 100 gotas de jugo de berro con 100 gotas de alcohol de 90º y 10 gotas de esencia de geranio.

Existen otros muchos acondicionadores, quizá algo más complicados de preparar en casa pero que se pueden encontrar en tiendas de productos naturales. Contienen ingredientes como el alga kelp, donde se encuentran muchos de los minerales y las vitaminas esenciales para el saludable crecimiento del cabello y su regeneración, o el aceite del hueso de albaricoque, un gran reconstituyente del pelo que reemplaza parte de las proteínas y los elementos nutritivos perdidos.

## LOS CHAMPÚS

Indudablemente, el lavado es una cuestión de higiene. Pero al lavarnos la cabeza no sólo eliminamos el polvo que se ha ido depositando en ella, sino que podemos iniciar una sesión altamente placentera de relajación. Se trata del masaje del cuero cabelludo. Utilizando las yemas de los dedos, presionamos suavemente en círculo (drenaje linfático) para activar la circulación sanguínea y linfática en una zona que pocas veces recordamos que existe. Este suave masaje se puede hacer en el momento del lavado. Cada tipo de cabellera requiere un cuidado diferente. Según veamos la dureza, la cantidad o la agresión climática a la que se ha sometido, utilizaremos unas u otras lociones y champús refrescantes, suavizantes o fortalecientes.

A continuación presentamos algunas recetas fáciles para aplicar a cada tipo de cabello.
- **Madera de Panamá.** Es el más conocido de los champús vegetales. Sólo debe ser empleado en uso externo; en uso interno es tóxico. Evite que le penetre en los ojos. Se efectúa una decocción de fragmentos de corteza (de 15 a 30 g) por li-

tro de agua. Se deja hervir durante 15 minutos a fuego suave. Se filtra. Cuando el líquido esté tibio se reparte por el cabello, procurando que llegue hasta las raíces. Se fricciona delicadamente el cuero cabelludo. Se aclara abundantemente al terminar, añadiendo vinagre o zumo de limón.

> **MITOS DESTERRADOS DE LOS CHAMPÚS COMERCIALES**
> - La mayoría de champús comerciales son demasiado detergentes y agresivos para el cabello y el cuero cabelludo. Algunos son demasiado ácidos o alcalinos, perturbando la capa ácida natural (el pH) del cuero cabelludo. Además de la suciedad, arrastran los aceites naturales y el manto ácido que protegen el cuero cabelludo. La función de un buen champú no sólo es la de limpiar, sino que debe nutrir y equilibrar el cuero cabelludo.
> - La cantidad de espuma no es sinónimo de buen champú, más bien al contrario. Normalmente a los champús se les añaden agentes espumantes ya que la gente cree, equivocadamente, que cuanta más espuma haga, más limpio queda el cabello. Esta espuma excesiva sólo sirve para hacer imposible un aclarado a fondo y para que queden residuos que obstruyen los folículos y la salida natural del sebo. Se debe usar una cantidad muy pequeña de champú, que se diluye en agua y se frota entre las palmas de las manos antes de aplicar al cabello.
> - Los suavizantes no ayudan a reparar las puntas abiertas, aunque sí pueden suavizar la cutícula y mejorar el aspecto del cabello. La única solución con las puntas abiertas es cortarlas. El suavizante comercial sólo debe usarse sobre el cabello, nunca sobre el cuero cabelludo. Este sólo recubre el cabello, no penetra en él. No hace falta dejarlo unos minutos. En cambio, los tratamientos oleosos suavizantes penetran en el cabello y, por lo tanto, deben dejarse más tiempo. Antes de aclararlo se peina el cabello.
> - Los champús anticaspa no «curan» la caspa, sólo mejoran la solución estética mientras se usan. En el momento que dejan de utilizarse el problema reaparece. ▶

> ▶ No está recomendado emplear este tipo de champú durante largos periodos de tiempo porque pueden estropear el cabello.
> • Los champús de bebé no resultan más suaves para los adultos. La única diferencia es que se utiliza una fórmula diferente para que no escuezan los ojos.

- **Saponaria.** Se recomienda para cabellos frágiles. Con la decocción de la raíz se obtiene un agua jabonosa. Se añaden 60 g de raíces secas de saponaria a un litro de agua hirviendo, se apaga el fuego y se deja en infusión entre 10 y 15 minutos. Se filtra. Se sumergen los cabellos hasta la raíz en esta preparación. Se masajea y se aclara con agua.
- **Jojoba.** Los productos hechos con los frutos de esta planta son también reconocidos como una ayuda natural a la salud del cabello. La jojoba es un matorral del desierto que se encuentra principalmente en el suroeste de Estados Unidos, México e Israel. Su fruto produce un aceite muy reconocido por sus valores alimenticios y medicinales. Los indios del suroeste de Estados Unidos la han utilizado desde hace muchos siglos como alimento, medicina y tónico de la piel y el cabello. Lo consideran un tratamiento eficaz del cabello y cuero cabelludo. Además de sus propiedades lubricantes y curativas, la jojoba tiene también un alto contenido proteínico. Tiene dos aplicaciones posibles: en champú (realizado a base de jugo fermentado de semilla de jojoba) y en aceite de masaje (de dos a tres gotas de aceite de jojoba para los cabellos grasos, cinco o seis gotas para los cabellos secos) que se extiende siempre por el cuero cabelludo sin frotar.
- **Champú al huevo.** Es un champú casero, muy proteínico, que da cuerpo y brillo al cabello. Se baten dos huevos y 125 ml de agua templada. Se aplica y se reparte por la cabeza masajeando bien el cuero cabelludo. Se deja sobre el pelo unos 15 minutos. Después se enjuaga bien con agua fría. Esta receta sirve cuando el pelo no está muy sucio; si se necesita más limpieza, basta con añadir los huevos en nuestro champú habitual.
- Se mezcla una onza de «castilla» de aceite de oliva puro (el castilla de aceite de oliva se encuentra en algunas tiendas

de dietética y en algunas farmacias). Si sólo consiguiera castilla hecho de diferentes aceites, diluir una parte de castilla por cuatro de agua. Se mezcla con un huevo entero, media cucharadita de vinagre de manzana puro, media cucharadita de zumo de limón fresco y dos cucharadas soperas de aclarado de hierbas. Se mezclan bien todos los ingredientes en la licuadora.

- **Champú de lavanda** para cabello rubio. Se mezcla el zumo de dos limones con 25 cl de agua de lavanda y dos huevos. Se aplican en el cuero cabelludo, masajeándolo. Se aclara bien.
- **Champú de agua de rosas** para cabello moreno. Se mezclan 25 cl de vinagre, 25 cl de agua de rosas y dos huevos. Se aplica en el cuero cabelludo y el pelo. Se da un masaje y se aclara.
- **Champú proteínico de salvia** para el cabello castaño. Se hace una infusión de salvia (30 g por litro de agua). Se cuela, se pone en el fuego y se disuelve el jabón, removiendo. Una vez frío se añaden los huevos y se mezcla. Se envasa y se deja reposar durante 24 horas. Se agita antes de usar.
- **Champú proteínico de romero** para cabello moreno. Se hace una infusión de 50 g de romero seco en litro y medio de agua. Se cuela y se añaden 75 g de jabón duro rallado a fuego lento hasta que el jabón se disuelva. Se retira del fuego y se añaden 25 g de bórax. Cuando esté frío se echan los huevos y se remueve bien. Se deja reposar durante 24 horas.
- **Champú seco de romero.** Los champús secos son muy útiles cuando nos falta tiempo para secarnos el pelo. Una solución es envolver el cepillo con una tela (procurando que las púas la atraviesen) que se moja con agua de colonia. Se cepilla hasta que la suciedad impregne la tela. Para este champú se mezclan 15 gotas de aceite de romero con media taza de avena triturada. Cuando la avena haya absorbido el aceite, se espolvorea por el pelo frotando bien. Tras unos minutos, se peina con un cepillo de púas finas.

---

**CÓMO LAVAR EL CABELLO CORRECTAMENTE**

- Moje bien el cabello y el cuero cabelludo, con agua templada. Se pone un poco de champú en la palma de la ▶

▶ mano y se aplica, repartiéndolo bien. Se masajea suavemente el cuero cabelludo. Se puede utilizar la técnica de drenaje linfático descrita anteriormente.
- Si utiliza un champú comercial, no crea que cuanto más champú use más limpio le quedará el pelo: basta con una cantidad del tamaño de una moneda de cinco pesetas un poco disuelta en agua que se frotará entre las palmas de las manos. Esta cantidad es suficiente para un cabello largo hasta los hombros. En general las personas se exceden en la cantidad de champú y es imposible aclarar todo el jabón: quedan residuos que obstruyen los poros y la salida normal de sebo.
- Se aclara bien el pelo con agua. Si es necesario, vuelva a aplicarlo otra vez. No se precipite en el masaje, pues es una de las partes más importantes del lavado.
- Termine siempre con un enjuague de hierbas o vinagre de manzana para dar brillo y cuerpo al cabello.

## EL ACLARADO

Tan importante como el lavado es realizar un buen aclarado con mucha agua para eliminar completamente los residuos jabonosos del champú. El último aclarado debe hacerse con agua más fría. Para lograr «efectos especiales» proponemos varios trucos.

- **Para dar brillo.** Se hierve perejil en el agua del último aclarado, se deja reposar 30 minutos, se cuela y se usa cuando esté frío.
- **Para dar cuerpo.** Se hierve un puñado de ortigas a fuego lento hasta que estén tiernas, se cuelan y se usa el agua en el último aclarado.

Si no dispone de perejil o de ortigas, puede usar también con mucho éxito un poquito de vinagre en el aclarado. El pelo claro, sin embargo, se ve beneficiado con gotas de limón también durante el último aclarado.

### Otros vinagres de aclarado aromatizados

Los vinagres de flores fortifican y hacen brillar el cabello.

*Cabellos rubios*

Se necesita un litro de vinagre de manzana, 60 g de manzanilla, 100 g de pétalos de rosas blancas perfumadas y 20 g de mejorana. Se colocan las flores secas en un bocal de maceración. Luego se añade el vinagre y se tapa bien. Se deja 15 días al sol o en una habitación templada. Se filtra dos veces.

*Cabellos morenos*

Se necesita un litro de vinagre de manzana, 60 g de hojas de salvia, 100 g de pétalos de rosas rojas perfumadas y 20 g de lavanda. Se prepara como hemos indicado antes. Se utiliza un vaso de vinagre por litro de agua para el segundo aclarado.

*Enjuague de tres hierbas*

Se mezcla una cucharada de las siguientes hierbas: manzanilla, hojas de frambuesa y romero. Se hace una infusión con 550 ml de agua. Se enfría y se cuela. Se puede mezclar con una cucharada de vinagre.

## PLANTAS COLORANTES DEL CABELLO

El uso continuo de permanentes, tintes y colorantes químicos representan una agresión al cuero cabelludo. Aumenta la sensibilidad capilar, el pelo se vuelve más frágil y las puntas se rompen y acaban por caer.

Existen varias plantas y hierbas que dan color al cabello y lo refuerzan a la vez. A continuación señalamos las principales.

### Henna

Es una planta de África del Norte, de la que se utilizan las hojas secas reducidas a un polvo de color verde amarillento. Es un fortalecedor de la vaina del cabello gracias a su afinidad con la queratina. Es aconsejada para los cabellos grasos, pero también para los cabellos quebradizos, hendidos o agrietados.

La henna posee propiedades colorantes. Deja un tinte de color caoba que no gusta a todo el mundo. Pero se encuentran hennas neutras (no colorantes, simplemente dan brillo al cabello) o mezcladas con otras plantas que dan color negro a los cabellos.

Se disuelve el polvo en agua caliente. Se aplica la pasta untuosa y tibia sobre los cabellos mojados. Se utiliza un pincel plano y se parte de las raíces para cubrir todo el cabello. Se cubre la cabeza con un plástico o una toalla vieja y se deja durante un espacio de tiempo prudencial (de 20 minutos a 2 horas), según el tinte buscado. Se aclara con agua abundante y se lava el pelo con champú.

**Para cabellos rubios**
- **Manzanilla en infusión con limón.** Se añade el zumo de un limón por cada litro de infusión de manzanilla. Da una buena uniformidad al color del cabello.
- **Ruibarbo.** Infusión de 60 g de flores para un litro de agua. Se aplica en el agua del aclarado, después de lavar con champú.

**Para cabellos morenos**
- **Nogal en infusión.** Entre uno y dos puñados por litro.
- **Puerro.** Se aplica el jugo antes de lavar con champú para obtener unos magníficos reflejos.
- **Té.** Se obtienen reflejos de color caoba gracias a una infusión más o menos concentrada de té de Ceilán. Se aplica entre 1 y 2 horas antes del lavado con champú.
- **Salvia y romero en infusión.** Se aplica en el aclarado tras el lavado con champú. No es un colorante pero da vida al color de los cabellos.

## EL SECADO DEL CABELLO

La forma ideal es hacerlo con una toalla que absorba la humedad, sin frotar, peinarlo y dejarlo al sol. Sin embargo, el trepidante ritmo de vida actual no siempre permite este secado natural, a lo que se suma, a veces, la temperatura de la estación. Por tanto, hemos de recurrir al secador eléctrico que no supone mucho problema si se maneja sensatamente.

No se debe someter al cabello a temperaturas altas. Utilice la posición media o baja del secador. No sostenga el secador demasiado cerca del cabello: se aconseja una distancia de unos 15 cm. Es mejor difundir (la mayoría de secadores tienen un accesorio difusor) el calor que concentrarlo en una zona. Advierta a su peluquero al menos de la distancia de secado (la mayoría de peluqueros pega el secador al pelo para acabar antes su trabajo). Es preferible el cabello un poco húmedo que quemado.

En verano o cuando el clima lo permita, no utilice rutinariamente su secador eléctrico. Envuelva la cabeza con una toalla para que absorba bien la humedad y termine el proceso de secado al aire libre. El pelo y el cuero cabelludo estarán más saludables.

## CEPILLADO Y PEINADO

El cepillado diario forma parte de la rutina diaria de los cuidados del cabello. Permite una limpieza y una estimulación del cuero cabelludo, lo que favorece el crecimiento saludable del cabello. El cepillado barre la suciedad, la caspa y las células muertas acumuladas del cuero cabelludo, que bloquean los conductos por los que los elementos nutritivos pasan a las células capilares.

Es importante cepillar los desechos del cuero cabelludo para que los poros puedan respirar y a la vez estimular la circulación sanguínea.

El cepillado no conviene hacerlo de una manera brusca y con prisas. Emplee entre tres y cinco minutos diarios. Debe hacerse en dos posiciones, primero con la cabeza echada hacia delante y luego con la cabellera hacia atrás. Lenta y cuidadosamente, estire y cepille el pelo.

Siempre se pierden algunos pelos en el cepillado. Pero es normal, pues la caída diaria natural se cifran entre 40 y 100 cabellos.

El único cepillo al que puede confiar su cabello es el de cerdas naturales de buena calidad (los cepillos de nilón resultan demasiado agresivos). El mejor peine es el de concha o de madera.

Un consejo para la higiene de cepillos y peines: ponga cortezas de limón en remojo con agua y utilice el líquido para limpiarlos.

# BEBIDAS SALUDABLES PARA EL CABELLO

Como hemos visto, los acondicionadores naturales y de hierbas aplicados externamente al cuero cabelludo son absorbidos en cierta medida por las pequeñas aberturas. Aunque no se debe depender de ellos como fuente primordial de la nutrición del cabello, se pueden emplear como suplementos útiles a la nutrición general. La principal ventaja de estos acondicionadores es que están hechos de ingredientes naturales y dan cuerpo y brillo al cabello, mientras los comerciales dejan una película innecesaria que tapa los poros y la capa externa de los pelos y atrae la suciedad. Hay que evitar esos productos.

Añadimos unas recetas adicionales para promover la nutrición del cabello y el cuero cabelludo.

Los jugos de verduras, hortalizas, y germinados son una forma instantánea de obtener vitalidad para nuestros cabellos. El zumo puede tomarse en el desayuno, entre las comidas principales y a la hora de acostarse.

**BEBIDA DE ALFALFA**

Se pasa por la licuadora un puñado abundante de brotes de alfalfa, seis hojas de lechuga bien lavadas y dos zanahorias raspadas y troceadas. También se puede añadir apio troceado. Se bebe inmediatamente para aprovechar al máximo todos los principios vitales.

Los zumos recién exprimidos y los jugos tienen sustancias nutritivas que pasan a la corriente sanguínea rápidamente y son enviadas a todas las células del cuerpo para su enriquecimiento.

La alfalfa es muy rica en clorofila y hierro. La clorofila, que da el color verde a las plantas, es comparable a la hemoglobina, la materia colorante de los glóbulos rojos. Es un alimento excelente para recuperar el cabello.

## CÓCTEL DE PIMIENTO VERDE, ZANAHORIA Y ESPINACAS

Se trata de una bebida refrescante y rica en silicio, un mineral que da un hermoso acabado al cuero cabelludo y al cabello.

Se pasa por la licuadora un par de pimientos verdes, dos zanahorias troceadas y un manojo de espinacas lavadas. Se extrae el zumo y se bebe inmediatamente.

También se puede elaborar con un pepino de tamaño medio, pelado y troceado, dos zanahorias cortadas y un manojo de espinacas o varias hojas de lechuga.

## CÓCTEL DE CINCO ZUMOS

Esta bebida es un tónico general excelente. La zanahoria y el perejil son muy ricos en vitamina A. Se extrae el zumo de cinco vegetales (zanahoria, apio, perejil, espinacas y berros) que, en combinación, suministran diversos minerales y vitaminas necesarios para la salud de la sangre, la fuerza vital de un vibrante crecimiento capilar.

## BATIDO DE TRES FRUTAS

Se quitan las pepitas y la corteza de un trozo grande de sandía y se trocea. Se quita la piel y el hueso de un melocotón. Se lavan seis fresas y se quitan los rabos. Se ponen todas las frutas en una batidora y se baten bien.

## BATIDO PROTEÍNICO

Se pone en la batidora una taza de leche. Se añade una cucharada de leche en polvo instantánea, una cucharadita de miel, otra de algarrobo en polvo para obtener sabor a chocolate) (también sirven unas gotas de esencia de vainilla) y fruta troceada al gusto (manzana, albaricoque, plátano, melón, fresas, pera...). En lugar de leche también queda delicioso con yogur (y es más digestivo).

# LO QUE UN CABELLO REVELA

Muchas veces nuestro peluquero podría diagnosticar, por el aspecto del cabello, si padecemos algún estado carencial (de vitaminas y minerales) o nervioso. El cabello está formado por queratina en un 97%, una proteína que contiene azufre. La carencia de proteínas adelgaza el cabello y lo vuelve frágil y sin cuerpo.

Como la biotina controla el metabolismo de las grasas y además suele estar presente en el cabello, la piel y las uñas, naturalmente determina también el grado de grasa epidérmica. En ausencia de esta vitamina se instaura la seborrea (es decir, una actividad excesiva de las glándulas sebáceas). El cuero cabelludo se recubre de este exceso de grasa y se manifiesta la caspa, entre otros síntomas. El brillo del cabello es debido a la presencia de azufre que la molécula de biotina se encarga de transportar a las células.

## BIOTINA

El cabello falto de brillo, la fatiga, el nerviosismo y la caspa denuncian la carencia de biotina. Para disponer de biotina es importante la buena salud de la flora intestinal, cuyos microorganismos se encargan de sintetizar contínuamente este principio activo. El yogur, el kéfir y las verduras fermentadas nos ayudarán a mantener un intestino sano.

Como complementos ideales ya hemos citado la levadura de cerveza, la melaza o el germen de trigo, auténticos «pelotazos» de todas las vitaminas del grupo B (tan imprescindibles para la salud del sistema nervioso y el cabello) y de sustancias bioactivas.

Ya hemos mencionado que la pigmentación del cabello también depende de la abundancia de algunas vitaminas del grupo B: B6, ácido paraaminobenzoico (APAB), ácido fólico y ácido pantoténico. Si prescindimos por completo del azúcar (roba vitaminas y minerales) y tomamos todas las mañanas una taza de puré de cereales molidos en casa (avena, cebada, centeno, trigo), frenaremos el proceso de encanecimiento e incluso es posible que logremos recuperar el color.

## EL ANÁLISIS DEL CABELLO EN EL LABORATORIO

Existe un método de análisis del cabello en el que se diagnostican todas las carencias de minerales, lo cual nos permite conocer los errores y carencias de nuestra alimentación y establecer un programa de recomendaciones nutricionales. Con ello beneficiamos no sólo la salud del cabello, sino la de todo el organismo. En este sentido, el análisis del cabello puede aportar más datos que el análisis de sangre.

Otra importante aplicación del análisis del cabello es que sirve para diagnosticar toxicidades metálicas. como el mercurio de las amalgamas dentales o la creciente acumulación de aluminio en el organismo.

El análisis se realiza por espectroscopia de emisión atómica y es muy sencillo. Simplemente se ha de cortar 1 g de cabello.

# BIBLIOGRAFÍA

STELLA WELLER. *Cómo evitar la caída del cabello*. Editorial EDAF, Madrid.
STELLA WELLER. *Cuidado natural del cabello, piel y uñas*. Editorial EDAF, Madrid.
JACQUES STAEHLE. *Cuidar el cabello naturalmente*. Editorial Pomaire, París.
MARGOT HELLMISS. *Belleza natural*. Editorial Oasis (Integral), Barcelona.
NÚRIA POLO. *La belleza y la cosmética natural*. Editorial Oasis (Integral), Barcelona.

## ARTÍCULOS DE LA REVISTA CUERPOMENTE

*Cabellos sanos*. Redacción. Núm. 13.
*Cuida tu pelo*. S. Álamo. Núm. 28.
*Fechas para estimular la regeneración del pelo o su depilación*. A. Altés. Núms. 15, 21, 33, 46.
*¿La calvicie tiene arreglo?* A. Cisneros y redacción. Núm. 45.

## ARTÍCULOS DE LA REVISTA INTEGRAL

*El cabello*. M. Lebourgeois. Núm. 6.
*El cuidado del cabello*. Hilda Parisi. Núm. 110.
*Cómo cuidar el cabello*. The Body Shop. Núm. 161.